ANNE-FLORENCE SALVETTI-LIONNE

TOUT PLAQUER - POUR - PARTIR AU BOUT DU MONDE

et revenir ... ou pas !

hachette

À mes deux amours et compagnons d'aventure, Rémy et Lou

Merci à Alix et Viviane pour leur relecture et leurs conseils

SOMMAIRE

PRÉLUDE

Je devais avoir 13 ans quand j'ai découvert, au hasard d'une visite à la médiathèque de ma ville, le livre qui allait changer ma vie : *Les Chroniques de San Francisco*, d'Armistead Maupin. « Chroniques », ça sonnait bien ; oui, je voulais lire les chroniques de la vie de quelqu'un. Et San Francisco, il me semblait que c'était aux États-Unis. Ça avait l'air sympa…
J'ai dévoré le premier tome, puis je suis allée chercher chacun des tomes suivants, impatiente de me plonger encore et encore dans cet univers. Les *Chroniques* ne font pas que se dérouler à San Francisco, elles font de cette ville leur principal personnage, au cœur de toutes les intrigues. Une obsession était née : je devais rencontrer ce personnage, je devais visiter San Francisco.

Moi qui n'avais jamais voyagé, je tenais là les prémices d'une de mes futures passions. Une dizaine d'années plus tard, au beau milieu de mes études supérieures, l'idée a germé, avec mon compagnon – qui allait plus tard devenir mon mari –, de faire un beau voyage à San Francisco une fois que je serais diplômée. Le concept de couronner cinq années d'études par un voyage faisait figure de carotte, de récompense, mais cela me séduisait.

Très vite, nous avons eu les yeux plus gros que le ventre.
« Ce serait dommage d'aller à San Francisco sans visiter Los Angeles, non ? Et Seattle ! Oh et puis tant qu'à être aux États-Unis, autant passer par New York aussi, et j'aimerais visiter Chicago. »
J'imagine que la plupart des gens laisseraient ces fantasmes être ce qu'ils sont – et certains de mes proches pensaient que nous n'irions jamais au bout de ce projet, que ce n'était qu'une rêverie pour faire passer le temps –, mais nous étions bien décidés à voir tout ce que nous voulions voir.

Nous avons sorti une feuille blanche, ouvert Google Maps et commencé à lister tous les endroits que nous voulions visiter aux États-Unis et au Canada (ce serait dommage d'aller en Amérique du Nord sans voir le Canada, non ?). Nous sommes arrivés à une trentaine d'*items*, villes et parcs nationaux. Notre projet pouvait enfin démarrer !
Nous avons passé les dix-huit mois suivants à le peaufiner, enlever certaines étapes, en ajouter d'autres, dévorer des dizaines de guides, de blogs, économiser bien sûr, réserver nos billets d'avion, de bus, de train, nos locations de voiture

et nos hébergements… Et, dernière étape, essentielle et symbolique, mon compagnon a démissionné de son CDI.

Durant trois mois nous avons parcouru l'Amérique du Nord. Mais nous ne nous sommes pas arrêtés là. Quand l'envie de voyage vous prend, il est difficile de la taire. Nous sommes rentrés en France la mort dans l'âme et très vite, nous avons décidé de repartir en Amérique du Nord, même si nous ne savions pas encore quand, comment, combien de temps ni quoi y faire. Finalement, c'est sur l'aventure du programme vacances-travail que nous avons jeté notre dévolu. Ce sésame n'existant pas aux États-Unis, nous avons décidé de partir au Canada.

Le projet a été long à mettre en place, j'ai été la seule à obtenir le visa, mon compagnon a donc dû faire autrement et, par chance, il a pu trouver un emploi depuis la France et obtenir un visa de travail. Pendant un an et demi, là encore, nous avons économisé et tout planifié avec minutie. Puis le moment du départ est arrivé, nous avons quitté nos CDI pour partir vivre et travailler six mois à Calgary, en Alberta, avant de voyager à nouveau plus de trois mois en Amérique du Nord.

Le Canada, qui était à l'origine un choix par défaut, surpasse désormais de loin les États-Unis dans notre cœur. Les voyages forment la jeunesse, comme on dit, mais surtout, ils vous transforment. Nous avons tout quitté deux fois pour partir en Amérique, mais toujours avec l'idée de revenir. Nos proches pensent qu'une troisième fois arrivera et que cette fois-là, nous construirons notre vie là-bas. Qui sait ?

Si j'ai décidé d'écrire ce livre, ce n'est pas tant pour raconter ma propre histoire que pour donner une base à tous ceux qui rêvent de plaquer patron, grisaille et routine pour vivre la vie qui les attend en Amérique, en Asie, en Afrique, en Océanie, ou peut-être même en Europe, aux portes de l'Hexagone. Vous êtes prêt ?

01

LA GENÈSE DU PROJET

Les questions à se poser

1

LA GENÈSE DU PROJET

PRESQUE TOUT LE MONDE RÊVE – UN JOUR D'HIVER INTERMINABLE OÙ TOUT NOUS PARAÎT GRIS ET INSIPIDE – DE TOUT PLAQUER, DE PRENDRE LE PREMIER AVION POUR HAWAÏ, BALI OU SYDNEY ET D'ENFIN VIVRE SA VIE. SI VOUS AVEZ OUVERT CE LIVRE, J'IMAGINE QUE C'EST ÉGALEMENT VOTRE CAS.

C'est bien vrai, on peut avoir l'impression en regardant par la fenêtre Facebook ou Instagram que les autres sont plus heureux, qu'ils voyagent, qu'ils vivent ! En réalité, si beaucoup de gens y pensent, si même quelques personnes affirment : « Un jour je vais partir faire le tour du monde » ou « Je vais m'expatrier », très peu concrétisent ce rêve.

Pourquoi ? Projet qui semble irréalisable, obstacles réels ou imaginaires, manque de motivation, peur : les raisons pour reculer et vite enterrer cette idée ne manquent pas. Mais si vous êtes décidé, la lecture de ce livre vous donnera les clés pour vous lancer dans l'aventure.

— POUR COMMENCER —
JE VOUS INVITE À FAIRE CET EXERCICE :

répondez aux questions ci-dessous, elles vous aideront à donner un contour à votre projet. Nous aborderons dans les chapitres suivants des thèmes qui concernent différents types de voyages ou d'expatriation.

01 Souhaitez-vous voyager ou vivre à l'étranger ?

02 Pendant combien de temps souhaitez-vous quitter la France ?

03 Avez-vous déjà choisi une ou des destination(s) ?

04 Préférez-vous partir en ayant planifié avec soin votre départ/voyage, ou voulez-vous laisser une large place à l'inconnu ?

05 Avez-vous déjà mis de l'argent de côté en prévision de votre départ ?

06 Vous êtes-vous déjà renseigné sur les visas nécessaires ?

07 Vous sentez-vous capable de gérer la séparation avec vos proches ?

08 Y a-t-il des obstacles qui pourraient vous retenir et vous empêcher de partir ?

09 Souhaitez-vous partir seul ou à plusieurs ?

10 Quelles sont les raisons qui vous poussent à partir ?

11 Êtes-vous prêt à gérer une déception si vous rencontrez des difficultés à l'étranger ?

Maintenant que vous avez pris connaissance de ces questions et que vous y avez répondu – peut-être avec difficulté –, vous vous sentez sans doute un peu découragé devant l'ampleur de la tâche à venir, ou vous envisagez des soucis et des obstacles qui ne vous étaient pas venus à l'esprit jusqu'alors.

Pas de panique ! Les phases de découragement, il y en aura plusieurs et ce n'est pas une fatalité. Chaque problème a sa solution et c'est bien en cela que les chapitres suivants vont vous aider, pas à pas.

D'un autre côté, vous poser ces questions vous a permis de délimiter les premiers contours de votre projet ; rien de tel que de faire une introspection pour démarrer cette aventure à venir sur de bonnes bases !

Pour mon premier voyage en Amérique du Nord, je n'ai pas procédé comme cela. Je me suis lancée la tête la première dans l'organisation en prenant une question à la fois, pas forcément dans le bon ordre. Il faut dire que j'avais déjà de nombreuses réponses en moi et un cadre assez défini en tête, mais je vous conseille tout de même de prendre les choses dans l'ordre, particulièrement si l'ampleur de la tâche vous effraie.

— EN RÉSUMÉ —

MES CONSEILS

➡ Ne croyez pas tout ce que l'on voit sur Facebook et Instagram ; il y a souvent de la mise en scène et on n'aperçoit qu'une infime fenêtre - fortement peaufinée et embellie - sur la vie des gens. Arrêtez de vous comparer et d'envier les autres !

➡ Un projet de voyage n'est jamais irréalisable ; croyez en vos envies et ne vous découragez pas.

➡ Répondez aux questions ci-dessus à l'écrit, sur une feuille. Cela vous aidera à avoir une première visualisation globale de votre projet. Et vous pourrez vous y reporter par la suite, en peaufinant vos réponses.

TÉMOIGNAGES

Ferdy

Ferdy, du blog **Ferdy pain d'épice** (ferdypaindepice.com), et son mari, ont pris le temps de la réflexion.

« J'ai toujours voulu une lune de miel originale, loin des îles paradisiaques aux eaux turquoise. Ce ne serait ni Bora Bora ni les Maldives, mais quelque chose de bien différent !

On avait soif d'aventures et de dépassement de soi, peut-être parce que c'était le premier voyage que nous allions faire ensemble, sur un continent où on n'avait jamais mis les pieds tous les deux ?

On a d'abord pensé à faire l'ascension du Kilimandjaro en Tanzanie sur une semaine et finir avec deux-trois jours à Zanzibar… mais lorsqu'on a vu les vaccins nécessaires, on a changé d'avis !

Alors cap vers l'Amérique du Sud et le Pérou, sur une suggestion de mon mari ! Faire l'*Inca trail*, sur la route des Incas, marcher quatre jours et dormir trois nuits à la belle étoile pour nous rendre au Machu Picchu. Nous marchions en moyenne neuf heures par jour et nous dormions à la belle étoile, c'était d'ailleurs notre première expérience de camping. Nous avions toute une équipe avec nous, des porteurs, deux cuisiniers et deux guides ! Nous devions juste marcher et admirer les paysages, et à chaque point de rencontre nous attendaient un repas bien chaud et notre tente déjà montée !

Ce séjour au Pérou nous a tellement marqués qu'il a donné naissance à deux passions : la randonnée et le camping. Depuis, nous campons chaque année au Canada, où nous vivons depuis quelques années. Nous avons la chance de vivre en Alberta, dans l'Ouest canadien, à deux pas des Rocheuses et de la province voisine, la Colombie-Britannique.

Le Pérou a été une vraie révélation. Nous nous remémorons ce voyage chaque année en campant au Canada. »

02

QUAND SE LANCER ?

Les questions à se poser

2

QUANDSE LANCER ?

TOUT PLAQUER ET PARTIR AU BOUT DU MONDE. CETTE PHRASE A QUELQUE CHOSE DE SPONTANÉ, D'IMPULSIF. POURTANT PARTIR TROP VITE, SANS ÊTRE PRÉPARÉ, C'EST S'ASSURER DE SE CASSER LE NEZ AVANT MÊME D'AVOIR PU EN PROFITER. IL FAUT UN PEU DE TEMPS POUR QUE LE DÉPART SE FASSE DANS DE BONNES CONDITIONS. RASSUREZ-VOUS, IL N'Y A PAS FORCÉMENT BESOIN DE PLUSIEURS ANNÉES. EN QUELQUES MOIS, VOIRE QUELQUES SEMAINES, VOUS POUVEZ TOUT QUITTER ET CHANGER RADICALEMENT DE VIE !

Profitez de cette phase de projection, de planification, c'est un moment qui peut être très agréable ; vous repenserez à ces préparatifs avec nostalgie. De plus, quand le projet n'est pas réalisable tout de suite et que le quotidien se déroule de façon interminable, cela aide beaucoup d'avoir un point à fixer à l'horizon.

Voilà pourquoi, maintenant que votre projet commence à avoir un visage, vous devez vous décider sur une date, ou du moins sur une période. Alors, quand allez-vous partir ?

Les cas où une date s'impose d'elle-même

Il y a bien sûr, au cours d'une vie, des périodes charnières qui sont propices au changement : la fin du lycée, la fin des études supérieures, un contrat qui se termine, une rupture, une naissance, un divorce, un deuil, un départ en retraite, une année sabbatique que l'on peut prendre, etc. Dans certains pays comme les États-Unis, c'est même un rite initiatique courant que de partir en voyage de plusieurs mois à la fin de ses études supérieures, avant d'être accaparé par les contraintes professionnelles et familiales de la vie d'adulte.

Si vous êtes dans l'une de ces situations, décider d'une période peut vous sembler assez simple.
Dans mon cas, j'ai justement choisi de partir pour la première fois à la fin de mes études supérieures. Je ne me sentais pas capable de me lancer dans le monde du travail sans avoir profité de ma jeunesse et de mon temps libre pour partir à l'aventure. Tout le monde me l'a dit, à l'époque : « Tu as raison, c'est le moment ou jamais »,

« C'est la meilleure période de ta vie pour le faire. » Il est en effet parfois des périodes qui s'imposent d'elles-mêmes.

Les cas où il est moins évident de savoir quand partir

Lorsqu'il n'y a aucune rupture du quotidien à l'horizon et qu'on pourrait rester définitivement dans sa routine, il est cependant plus difficile de se lancer et de ne pas repousser sans cesse l'échéance du départ. Le plus simple est d'avancer par étapes. Il faut déjà commencer par choisir une année définie. Supposons que nous sommes en janvier 2021 : il peut être rassurant de ne pas fixer un départ trop proche, pour avoir le temps de se faire à l'idée et de préparer son projet. Vous pouvez alors vous dire : « Je pars en 2022 » ; voilà déjà un pas de fait dans la direction de votre départ futur. Et avoir décidé d'une année précise va vous forcer à vous y tenir ! Mais attention, ne fixez pas non plus une date trop lointaine, plein de choses vont se passer dans votre vie d'ici là et vous abandonnerez certainement votre projet.

Ce n'est pas tout : il faut maintenant préciser cette période en rétrécissant de plus en plus cette fenêtre temporelle. C'est là qu'intervient l'importance des saisons. Pour mes deux départs, j'ai choisi de m'envoler début septembre. J'ai chaque fois laissé passer l'été pour bénéficier de prix plus bas, d'un temps moins étouffant et pour éviter les foules. Mais je ne voulais pas partir trop tard non plus, afin de profiter d'une météo tout de même clémente – le fameux été indien – et de ne pas risquer que certains parcs nationaux soient déjà fermés à cause des risques de chute de neige. Je savais de plus que l'automne est une saison superbe sur le continent nord-américain.

Prenons un autre exemple : vous souhaitez partir en Australie. Les saisons de l'hémisphère sud sont inversées par rapport à celles de l'hémisphère nord, il est donc plus agréable de voyager en Australie au printemps (ce qui correspond à notre automne).

Évidemment, si vous ne voulez pas rester seulement quelques mois dans le pays, le choix des saisons a moins d'importance, mais n'oubliez pas qu'il sera plus rassurant d'arriver au Canada en fin de printemps ou au début de l'automne plutôt qu'en plein hiver avec des températures glaciales. C'est la même chose en Asie du Sud-Est, mais avec les moussons !

Selon votre situation personnelle, d'autres éléments peuvent être à prendre en compte dans le choix de la période de départ. Par exemple, il vous faudra certainement un laps de temps incompressible pour réunir l'argent nécessaire pour votre départ : tenez-en compte. Autre cas : si vous avez des enfants, il peut être judicieux de profiter de leur deuxième année pour partir ; à cet âge-là, ils ne paient pas de billets d'avion, ils n'ont pas encore de contraintes scolaires et ils ont dépassé le stade du nouveau-né, qui a pu jusque-là être un frein au voyage. Nous avons ainsi récemment pu partir au Canada avec notre fille, qui était alors à quelques semaines de ses 2 ans. Cela nous a permis de partir hors saison et hors vacances scolaires, en mai-juin, et d'économiser sur le prix des billets d'avion !

Pour notre deuxième grand départ, nous étions tous les deux dans une impasse professionnelle. Nos entreprises ne nous convenaient pas et nous voulions profiter d'avoir l'âge requis pour participer au PVT (programme vacances-travail) avant qu'il ne soit trop tard, mais également avant de fonder une famille, d'acheter un appartement et de s'installer sans doute plus durablement en France. Pour autant, nous n'avions pas d'urgence à partir, cela aurait pu aussi bien se faire deux ans plus tard ou bien… jamais.

C'est le risque : il est difficile de rompre le cours de son quotidien pour partir si rien ne l'impose, encore plus si tout va bien dans sa vie et si on ne peut pas justifier son envie de voyage par des raisons pragmatiques comme celles évoquées ci-dessus. Prenez le taureau par les cornes, fixez une date et tenez-vous-y, ne reculez pas, votre rêve n'attend plus que vous !

— EN RÉSUMÉ —

MES CONSEILS

➡ Fixez une date assez rapidement afin d'avoir une *deadline* précise en tête. Cela vous permettra de mieux vous organiser, mais aussi de ne pas vous dégonfler !

➡ Si une date ne s'impose pas d'elle-même, renseignez-vous sur le climat saisonnier du ou des pays dans lesquels vous souhaitez vous rendre et calculez le temps qu'il vous faudra pour réunir l'argent nécessaire à votre départ.

➡ Faites également en fonction du prix des billets d'avion : il est généralement préférable d'éviter l'été ou la période de Noël, mais également les week-ends, pour réserver son vol.

➡ Si vous n'arrivez pas à vous décider sur le moment de partir, faites une liste de tout ce que vous devez ou avez envie de faire avant (finir de rembourser un prêt, terminer vos études, accumuler X années d'expérience dans votre domaine, mener à bien une mission professionnelle, etc.), mais attention à ne pas fixer une date trop lointaine, sous peine d'abandonner votre projet !

On the road

TÉMOIGNAGES

Jessica

Jessica a fait plusieurs longs voyages avec son compagnon, au Japon, aux États-Unis et en Corée du Sud. Pour chacun d'entre eux, le choix de la date de départ a été fixé en fonction des saisons.

« Nous faisons un gros voyage tous les deux ans environ. Nous choisissons toujours une période hors vacances scolaires, pour plein de raisons : les tarifs, le fait que les touristes soient moins présents et qu'il y ait moins d'enfants à destination. Nous faisons attention à la saison pour éviter d'avoir trop chaud ou trop froid. Nous composons aussi bien sûr avec nos travails respectifs, qui imposent des contraintes particulières : je ne peux pas partir entre septembre et octobre, et mon conjoint ne peut pas partir entre novembre et janvier. Et comme nous ne partons pas l'été, il ne nous reste donc qu'entre février et avril.

Nous préparons nos voyages en moyenne neuf mois à l'avance, de l'achat du billet d'avion aux différentes réservations sur place. Avant cela, nous nous renseignons sur ce qu'il y a à faire, préparons un itinéraire et déterminons un prébudget pour savoir combien économiser. Dès que nous revenons d'un voyage, nous pensons déjà au prochain ! »

Audrey & Sébastien

Audrey et Sébastien, du blog et de la chaîne YouTube **Family Coste** (www.familycoste.com), vivent sur les routes avec leurs enfants depuis 2016. Le choix du grand départ s'est imposé à eux naturellement. Audrey le raconte :

« Nous sommes partis en 2016, mais le cheminement jusque-là a été long. Cela faisait presque six ans que je soumettais l'idée à Seb d'acheter un camping-car et de partir faire le tour du monde. C'est quelque chose que j'avais en tête depuis très longtemps.

L'idée lui plaisait, mais ce n'était pas tellement le voyage qui l'attirait, plutôt la notion de liberté. Il s'est trouvé qu'en 2016, nos visas de tourisme canadiens ont expiré ; nous avions pour projet de nous installer durablement au Québec, mais nous n'avons pas eu nos visas. Nous ne pouvions plus rester là-bas en tant que touristes et nous ne pouvions pas travailler, donc nous vivions sur nos réserves d'argent.

Il a fallu que nous prenions une décision et à ce moment-là, des amis nous ont parlé du fait d'acheter une caravane et de voyager. Ça a rallumé toutes les étincelles en moi et Sébastien a vu le potentiel qui pouvait s'en dégager, c'est venu rencontrer ses propres valeurs de liberté. Un concours de circonstances a fait que tout s'est mis en place très rapidement à ce moment-là afin que nous partions. »

03

QUEL TYPE DE VOYAGE ?

Les questions à se poser

3

QUEL TYPE DE VOYAGE ?

IL S'AGIT LÀ ENCORE D'UNE QUESTION CRUCIALE, À LAQUELLE VOUS AVEZ PEUT-ÊTRE DÉJÀ RÉPONDU GRÂCE AU QUESTIONNAIRE DU CHAPITRE 1. NOUS ALLONS ÉTUDIER ICI LES DIFFÉRENTS TYPES DE VOYAGES POSSIBLES ; VOUS POUVEZ D'ORES ET DÉJÀ VOUS REPORTER À CELUI QUI VOUS INTÉRESSE OU, SI VOUS ÊTES ENCORE INDÉCIS, VOUS LAISSER GUIDER. CERTAINS TYPES DE VOYAGES SERONT ÉTUDIÉS PLUS EN PROFONDEUR PAR LA SUITE, MAIS LE BUT À CETTE ÉTAPE EST SURTOUT QUE VOUS VOUS DÉCIDIEZ SUR LA DURÉE ET LA NATURE DE VOTRE PROJET : VOYAGE COURT OU LONG, EXPATRIATION, ETC.

Le voyage court

Nous appelons ici « voyage court » toutes les excursions qui ne dépassent pas un mois. On peut aussi les qualifier de « vacances », ce que feront certainement vos proches. Mais le voyageur a une soif de découverte plus importante que le vacancier ou le touriste. Pas de valises pour lui, seulement un sac de rando, peu d'après-midi sieste à la plage, mais plutôt des randonnées et des visites à n'en plus finir ! Bref, quand le vacancier recharge ses batteries tranquillement, le voyageur revient souvent plus fatigué qu'à son départ, mais aussi plus émerveillé : il s'imprègne davantage de ce nouvel environnement.

Si vous vous reconnaissez dans cette description, bienvenue dans le gang des voyageurs ! Vous planifiez donc un voyage, probablement dans un pays lointain, d'une durée minimale de deux à trois semaines, peut-être quatre ; en tout cas, pas besoin de démissionner de votre boulot, vous avez pu caser ce séjour pendant vos congés payés. Ceux qui s'inscrivent dans la catégorie « voyage court » ont en général des idées déjà bien arrêtées sur leur périple à venir. Il est donc peu probable que vous ayez besoin de ce guide, mais qui sait, cela pourrait vous donner des idées de voyage plus long ?

Le voyage long

Ce type de voyage dure généralement de deux à six mois, rarement plus si on n'en profite pas pour faire un tour du monde (voir chapitre II) ou pour chercher un travail et s'expatrier. Mes deux tours de l'Amérique du Nord se retrouvent dans cette catégorie-là. Vous pouvez très bien rester dans une seule ville qui vous fascine et la découvrir lentement, en adoptant un quotidien, une routine. Ou bien vous pouvez bouger tous les deux ou trois jours et avoir ainsi le temps de faire le tour d'un pays ou d'un continent. Ou encore faire un peu des deux !

Pour notre premier tour de l'Amérique du Nord, nous sommes restés entre un et huit jours dans chaque ville, exception faite de San Francisco, que je voulais prendre le temps d'explorer comme si j'y vivais. Nous y sommes restés trois semaines complètes, une très bonne durée à mon sens pour prendre le pouls d'une mégalopole. Durant notre second grand voyage, nous avons à nouveau bougé tous les deux ou trois jours en moyenne. Un rythme usant, qui est l'inconvénient principal de ce type d'aventures, mais j'y reviendrai plus tard !

Votre voyage long est votre projet de A à Z, prenez le temps de le façonner. À vous de choisir à quels endroits vous voulez aller et combien de jours y passer ; vous aurez rarement l'occasion de concevoir quelque chose d'aussi « à la carte » et croyez-moi, vous en serez fier ! Bien sûr vous pouvez soit tout organiser à l'avance et vous laisser porter par vos décisions prises quelques mois plus tôt, soit choisir au jour le jour quelle sera la destination du lendemain. Pour plus d'informations sur l'organisation, je vous invite à avancer directement au chapitre 4.

Le tour du monde

Le chapitre II sera totalement consacré aux tours du monde, mais je ne pouvais pas ne pas les citer dans cette liste des différents types de voyages possibles. Je crois que le tour du monde, plus encore que l'expatriation, est une des choses qui font le plus rêver, le plus fantasmer.

Souvent, un tour du monde dure un an, comme une année sabbatique par exemple, c'est très symbolique. Mais dans les faits, il arrive régulièrement que les « tour-du-mondistes » rallongent leur voyage de quelques mois, ou au contraire rentrent précipitamment. Un tour du monde est rarement entièrement planifié : difficile de prévoir trois cent soixante-cinq jours ! Comme pour un long voyage, cela peut avoir des avantages, mais aussi des inconvénients. Mais, comme je le disais plus haut, nous discuterons plus longuement de cela au chapitre 4.

L'expatriation

On sort totalement du monde des voyages pour parler expatriation. Bien sûr, l'attrait de l'étranger et de la nouveauté est le même, mais le but est bien différent. Lorsque l'on s'expatrie, on ne veut pas seulement goûter à la nouveauté, on veut s'y intégrer. Les enjeux sont évidemment plus importants, la décision doit donc être bien pesée avant de la prendre.

Il existe un débat à propos de ce mot, « expatriation ». Pour certains, seuls sont expatriés ceux qui sont dépêchés à l'étranger par une entreprise française. Vous pouvez alors être expatrié (affecté en mission longue ou à durée indéterminée dans les bureaux étrangers d'une entreprise française) ou bien détaché (en mission temporaire pour le compte de votre entreprise française, vous devrez obligatoirement réintégrer votre poste en France ensuite). Pourtant, littéralement, expatrié signifie « hors de la patrie » À mes yeux est donc expatrié celui qui déménage pour vivre et travailler en dehors de son pays natal, même si c'est en contrat local. Nous pourrions aussi utiliser le terme « immigré », même s'il est malheureusement connoté négativement.

Il y a différents types d'expatriation. Vous pouvez décider d'aller vivre à l'étranger un an, en test, ou bien quelques années, peut-être même dix ou quinze ans. Mais dans ce premier type d'expatriation, vous avez dans l'idée de revenir un jour. D'autres personnes ne souhaitent pas vivre et travailler à nouveau dans leur pays natal et veulent partir pour de bon, définitivement. Bien sûr, rien ne dit que vous ne rentrerez pas, on ne sait jamais de quoi est fait l'avenir, mais c'est l'envie de base qui différencie ces deux types d'expatriation.

Je dirais même qu'il existe un troisième type d'expatriation. Il y a celui qui part sans savoir, sans être sûr, et qui verra où la vie le portera. Il y a également ceux qui partent, mais pour changer régulièrement de pays. Et enfin ceux qui partent, mais en gardant un pied bien ancré dans leur pays d'origine (ils y possèdent par exemple un bien immobilier mis en location, y conservent des comptes bancaires, etc., généralement pour pouvoir revenir rapidement, fréquemment et sans trop de soucis) ou qui continuent à y passer une bonne partie de l'année.

L'expatriation demande des démarches bien plus lourdes que pour un simple voyage. Il est parfois nécessaire de faire un séjour préparatoire pour repérer les lieux, passer des entretiens, visiter des logements. Il y a donc des démarches à faire dans le pays d'arrivée, mais également en France : avertir son centre des impôts, la Sécurité sociale, la Caf, Pôle emploi et compagnie (on détaille tout ça au chapitre 9). Si vous avez des enfants, il vous faudra trouver où les scolariser ; vous devrez peut-être faire traduire certains documents, ou passer un examen médical. Bref, cela ne se fait pas en un tour de main !

Dans certains cas, il est possible de négocier une prise en charge des coûts de l'expatriation (visa, déménagement, etc.) par son employeur ; je vous conseille de le tenter au moment de conclure le contrat.

Le stage ou échange à l'étranger

Au cours de vos études, vous serez peut-être amené à vous envoler pour quelques mois à l'étranger, c'est de plus en plus fréquent dans les cursus longs. C'est parfois même obligatoire ! Dans ce cas, vous devrez effectuer un stage ou un échange universitaire à l'étranger, souvent dans un pays anglophone. Cela peut se faire sur un semestre, sur une année ou même dans le cadre d'une césure.

Si vous êtes dans ce cas-là, vous n'avez pas besoin de choisir le type de voyage que vous souhaitez faire, puisqu'il vous est imposé. Cependant, étudier ou travailler à l'étranger vous plaira peut-être et vous déciderez alors de rester dans le pays ou bien d'y retourner plus tard, ou même de partir ailleurs, en testant une autre forme de voyage (court ou long, expatriation, etc.).

Le PVT

Le PVT, le célèbre programme vacances-travail ou *working holiday visa* (WHV) en anglais, permet une forme particulière d'expatriation. Prévu pour une durée définie – de six mois à trois ans selon les pays –, ce visa est de plus en plus prisé. Pour l'obtenir, il faut répondre à des critères (d'âge, de quota, de nationalité, etc.) qui changent selon les pays. Au moment où j'écris ce livre, quinze pays ont un accord de PVT avec la France, dont les deux plus prisés sont l'Australie et le Canada.

— LES —
PVT

PAYS	ÂGE REQUIS	QUOTA ANNUEL	DURÉE MAXIMALE
ARGENTINE	18-35 ANS	1 000 PLACES	1 AN
AUSTRALIE	18-35 ANS	PAS DE QUOTA	3 ANS
BRÉSIL	18-30 ANS	500 PLACES	1 AN
CANADA	18-35 ANS	·15 000 PLACES	2 ANS
CHILI	18-30 ANS	400 PLACES	1 AN
COLOMBIE	18-30 ANS	400 PLACES	1 AN
CORÉE DU SUD	18-30 ANS	2 000 PLACES	1 AN
HONG KONG	18-30 ANS	750 PLACES	1 AN
JAPON	18-30 ANS	1 500 PLACES	1 AN
MEXIQUE	18-30 ANS	300 PLACES	1 AN
NOUVELLE-ZÉLANDE	18-30 ANS	PAS DE QUOTA	1 AN
RUSSIE	18-30 ANS	500 PLACES	1 AN
SINGAPOUR	18-25 ANS	2 000 PLACES	6 MOIS
TAÏWAN	18-30 ANS	500 PLACES	1 AN
URUGUAY	18-30 ANS	300 PLACES	1 AN

L'intérêt du PVT est qu'il vous permet de partir, généralement un an, dans un de ces pays avec un visa ouvert vous autorisant à travailler pour n'importe quel employeur. Des restrictions sont parfois imposées, par exemple au Canada où vous ne pourrez pas travailler dans le domaine de la santé ou auprès d'enfants, à moins de passer une visite médicale spécifique. Mais vous pouvez également ne pas travailler et simplement vivre et voyager dans le pays. Bien souvent, les PVTistes font les deux : ils travaillent quelque temps, puis voyagent avec l'argent gagné.

Il s'agit là d'une très belle occasion de goûter à l'expatriation. Mais ce n'est pas toujours aussi simple que ça en a l'air. Les PVTistes sont parfois mal considérés par les employeurs, car trop peu sérieux et pas disponibles pour rester longtemps dans le pays. En Australie par exemple, les Français, réputés voleurs et impolis, sont de plus en plus mal vus. Au Canada, des employeurs sont découragés à l'idée d'employer des résidents temporaires. Ainsi, il peut être assez difficile de trouver un emploi dans sa branche et les PVTistes sont souvent condamnés à faire des petits boulots. Il ne faut surtout pas partir en pensant qu'un travail vous attend et que vous allez avoir une vie rêvée. Cela peut bien sûr arriver – j'ai moi-même trouvé un travail dans ma branche, le journalisme, dès ma première semaine au Canada –, mais il faut rester réaliste.

Dernier conseil : si l'aventure du PVT vous attire, le site pvtistes.net est une vraie mine d'or sur le sujet, n'hésitez pas à le consulter !

Un peu de tout ça ?

Bien souvent, quand on goûte à l'une des formes de voyage évoquées ci-dessus, on a un peu de mal à s'arrêter là, alors on en teste d'autres, ou bien on expérimente plusieurs fois la même ! Commencez par la forme de voyage la plus réaliste, celle qui vous convient le plus et qui correspond à vos attentes, sans avoir les yeux plus gros que le ventre. Mais ne fermez pas la porte aux autres formes de voyage par la suite – vous pourrez toujours repartir.

— EN RÉSUMÉ —

MES CONSEILS

➡ À vous de voir si vous souhaitez plutôt voyager ou bien vous installer à l'étranger (en travaillant ou en étudiant par exemple). Dans les deux cas, différents cadres et durées existent pour coller à vos envies.

➡ Ne craignez pas de ne pas choisir le bon type de voyage, vous en vivrez certainement d'autres par la suite. L'aventure appelle l'aventure !

TÉMOIGNAGES

La Family Coste

La **Family Coste**, elle, a choisi de faire un voyage très long mais surtout très lent, le fameux *slow travel*.

« Cette idée de départ en camping-car s'est transformée rapidement en changement de mode de vie. Nous prenons notre temps, le but n'est pas de courir après les découvertes, les rencontres, même si ce sont des choses qui nous tiennent à cœur. Notre objectif est de nous imprégner véritablement des lieux, de pouvoir changer totalement de mode de vie. Si nous avons envie de rester plusieurs mois ou un an quelque part, nous le faisons ! La seule limite que nous avons, ce sont nos visas. »

Vanessa

Vanessa, blogueuse sur **Voyage Pérou** (www. voyageperou.info), a décidé de faire un stage au Pérou. Elle s'est pris d'amour pour ce pays, dans lequel elle vit désormais plusieurs mois par an.

« Il y a dix ans, je partais au Pérou pour la première fois. Alors jeune étudiante en gestion touristique, j'étais loin de me douter qu'un stage trouvé un peu par hasard dans ce pays qui ne m'inspirait rien de particulier allait marquer une étape aussi déterminante dans ma vie. Arrivée à Lima au petit matin, en pleine brume hivernale, j'ai commencé à m'inquiéter lorsque le chauffeur nous a emmenés jusqu'à la barrière de sécurité d'un quartier résidentiel avec des gardes armés de mitraillettes. Premier choc pour la jeune fille que j'étais, habituée à vivre dans une des grandes villes les plus sûres d'Amérique du Nord.

Mais mon inquiétude s'est vite dissipée lorsque la porte de la maison s'est ouverte. J'ai eu la chance d'être accueillie par le couple idéal : Raphael, un Péruvien à l'enthousiasme contagieux, et Geneviève, une Québécoise follement amoureuse du Pérou. J'ai travaillé et vécu avec eux durant les mois qui ont suivi. Ils ont tenté de m'expliquer la complexité d'une société marquée d'un côté par une énorme disparité socio-économique et de l'autre par une richesse culturelle et historique absolument inestimable !

C'est lorsque j'ai mis les pieds pour la première fois à Cuzco que j'ai vécu mon deuxième choc. J'observais avec les yeux écarquillés, comme si je ne pouvais pas y croire, des gens qui ressemblaient incroyablement à ma grand-mère bolivienne, ma tante, mon père. Forcément, le Pérou et la Bolivie sont deux pays cousins ! Je me souviens encore d'avoir senti mon cœur fondre lorsque quelqu'un que je connaissais à peine m'a appelée "Vanessita", avec ce diminutif affectif si caractéristique de cette région du globe. À ce moment précis, j'ai compris que tout ce langage que je trouvais théâtral, presque exagéré, en grandissant dans un Canada individualiste avait le pouvoir magique de changer la communication entre deux personnes. De façon tout à fait inattendue, le Pérou m'a appris à aller vers l'autre, m'intéresser, être patiente et beaucoup plus empathique. »

04

PARTIR ORGANISÉ OU PAS ?

Les questions
à se poser

4

PARTIR ORGANISÉ OU PAS

CE CHAPITRE S'APPLIQUE ESSENTIELLEMENT AUX LONGS VOYAGES ET TOURS DU MONDE. IL EST PEU PROBABLE QUE VOUS PARTIEZ EN STAGE, EN ÉCHANGE OU EN EXPATRIATION SANS AUCUNE ORGANISATION, EN TOUT CAS JE NE VOUS LE CONSEILLE PAS. IL EST CEPENDANT POSSIBLE ET MÊME TRÈS PRISÉ DE PARTIR EN VOYAGE EN AYANT TOUT À DÉCIDER UNE FOIS SUR PLACE, AU JOUR LE JOUR. NOUS ALLONS ÉTUDIER LES AVANTAGES ET INCONVÉNIENTS D'UN VOYAGE ORGANISÉ ET D'UN VOYAGE « FREESTYLE », CELA VOUS DONNERA MATIÈRE À RÉFLÉCHIR POUR SAVOIR CE DONT VOUS AVEZ ENVIE. J'INSISTE SUR CE CHAPITRE CAR, COMME VOUS ALLEZ LE VOIR DANS MON PROPRE EXEMPLE, FAIRE UN MAUVAIS CHOIX SUR CE PLAN-LÀ PEUT SE RÉVÉLER CATASTROPHIQUE.

Parlons tout d'abord du voyage organisé, voire surorganisé. Pour un tel séjour, il faut s'y prendre bien à l'avance, étudier de longues heures les destinations dans des guides ou sur des blogs, comparer les hébergements pour trouver le meilleur rapport qualité-prix, choisir les modes de transport, décider du nombre de jours à consacrer à chaque ville, etc. C'est un énorme travail de recherche, de comparaison, de calcul de budget, de réservation, à faire suffisamment tôt pour trouver des billets d'avion à des prix raisonnables. Si cela vous angoisse rien qu'à le lire, c'est que vous êtes sans doute plus « freestyle ». Mais croyez-le ou pas, organiser un long séjour peut être un vrai plaisir et s'assimiler à un voyage avant le voyage !

Cela permet de bien appréhender l'itinéraire, de se mettre déjà dans le bain. C'est aussi avec ce genre d'organisation qu'on arrive à faire des économies et surtout à s'ôter une bonne dose de stress ! Une fois dans l'avion, vous n'aurez plus rien à faire, votre voyage se déroulera selon vos plans et vous n'aurez qu'à suivre vos propres indications.

Au contraire, ce genre de voyage peut aussi vous enfermer dans un rythme mal évalué, dans des choix qui ne sont plus les vôtres. Vous souhaitez rester deux jours de plus dans telle ville ? Ah dommage, ça ne sera pas possible, vous avez déjà un bus réservé pour la prochaine destination et vous ne pouvez prendre le risque de bousculer toute la suite du voyage. Vous l'avez compris, le désavantage de l'organisation est le manque de liberté.

Si vous souhaitez décider chaque matin d'où vous dormirez le soir-même, c'est que les voyages en roue libre vous conviennent mieux. Avec ceux-là, vous pouvez partir sur un coup de tête, réserver simplement l'avion aller-retour et peut-être les deux ou trois premières nuits, puis inventer la suite sur le moment. On ne peut pas faire plus libre et flexible !

Mais le revers de la médaille, c'est que vous pouvez aussi foncer droit dans la galère : hôtels déjà complets, billets de dernière minute hors de prix, etc. En plus de perdre du temps (passé à chercher un hôtel à la dernière minute au lieu de visiter et profiter) et de l'argent, cela peut également générer beaucoup de stress et vous gâcher le voyage.

Je vais maintenant vous parler de mon expérience. Lors de notre premier voyage, j'avais tout organisé jour par jour, avec beaucoup de plaisir car l'organisation est quelque chose que j'adore. Tout s'est très bien déroulé, c'était un bonheur de n'avoir qu'à suivre notre planning. Seuls les hébergements et les transports étaient réservés, on pouvait donc choisir quoi faire de nos journées. Mais j'ai eu quelques critiques à propos de notre choix parmi les commentaires sur mon blog : « À tout organiser, vous vous privez de la liberté de voyager, de la possibilité de changer d'avis au dernier moment, de prolonger ou raccourcir une étape, etc. Ce n'est pas un vrai voyage. »

Nous avons alors décidé, pour notre second long voyage en Amérique du Nord, de vivre l'expérience de ce fameux « vrai voyage » à côté duquel nous étions passés, d'être moins organisés, de ne réserver que le début, de ne même pas prendre de billets d'avion pour le retour et de voir au jour le jour. Grossière erreur : si cela convient très bien à certains, nous avons vite découvert que ce n'était pas pour nous. Cela ne nous a occasionné que du stress, de la fatigue, des contrariétés et de plus ou moins grosses galères. À cause de cela, nous avons subi notre voyage et n'avons donc même pas pu profiter de l'avantage de cette méthode, à savoir le sentiment de liberté. Il faut également noter que la flexibilité se prête peut-être mieux à d'autres pays qu'à des destinations occidentales où les prix grimpent très vite. Pour ce type de voyage, mieux vaut privilégier par exemple un *road trip* en camping-car ou en van plutôt que l'avion et les hôtels.

À ce stade du récit, je pense que vous savez si vous êtes plutôt voyage organisé ou YOLO (*you only live once* / « on ne vit qu'une fois »). Si vous n'êtes pas encore fixé, essayez de vous imaginer dans l'une et l'autre de ces situations. Gérez-vous mieux le stress ou la frustration ? Et si cela ne vous aide toujours pas, pourquoi ne pas faire un mélange des deux ? Un voyage où certaines destinations sont réservées (notamment les plus touristiques et prisées, où les hébergements sont rapidement pris d'assaut) et où il y a des blancs à combler à votre guise.

— EN RÉSUMÉ —

MES CONSEILS

➡ En partant pour un voyage déjà entièrement booké, vous vous épargnez pas mal de stress : à vous la détente de n'avoir qu'à suivre votre planning ! En contrepartie, impossible de modifier votre itinéraire en cours de route ; tant pis si finalement, vous n'auriez aimé passer que deux jours à Los Angeles au lieu de quatre.

➡ Au contraire, avec un voyage très flexible où tout est à décider le jour-même, vous avez une véritable page blanche à remplir au gré de vos envies. Mais attention, vous risquez de vous heurter à de vrais inconvénients : hôtels déjà pleins, billets d'avion hors de prix, activités à réserver des mois à l'avance pour avoir une place, particulièrement dans les destinations occidentales.

➡ Écoutez-vous, ne faites pas comme moi, à vouloir coller aux attentes d'autres personnes, votre bien-être en dépendra !

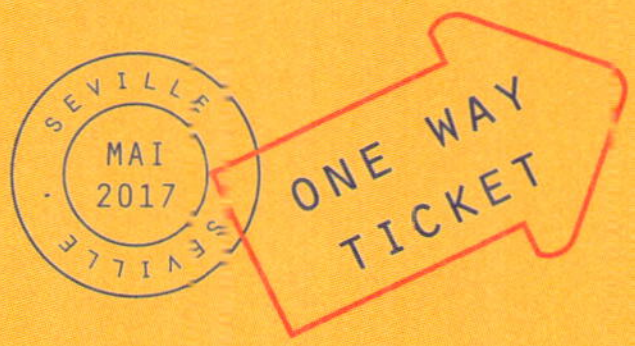

TÉMOIGNAGE

Victor

Pour certains comme Victor, partir en voyage sur un coup de tête est une chose à vivre au moins une fois dans sa vie ! Victor est *free lance* et a décidé un jour de profiter de la flexibilité de son emploi du temps d'indépendant pour visiter le Sud de l'Espagne.

« Je me suis retrouvé à faire des simulations de vol, comme je le fais souvent pour rêvasser, puis je me suis dit : après tout, qu'est-ce qui m'empêche de le valider ? Pas assez téméraire pour prendre un vol dans la journée même ou le lendemain, j'en ai choisi un quelques jours plus tard, un aller-retour pour deux semaines à Séville, et j'ai réservé dans la foulée une nuit en auberge pour le premier soir. Je n'avais absolument aucune idée de ce que j'allais faire, de si j'allais bouger et comment. J'ai tout décidé une fois sur place, au jour le jour, au fil de mes envies et de mes rencontres C'était une expérience géniale et j'ai décidé de me lancer le défi de faire quelque chose de similaire tous les ans, plus ou moins longtemps, plus ou moins loin ! »

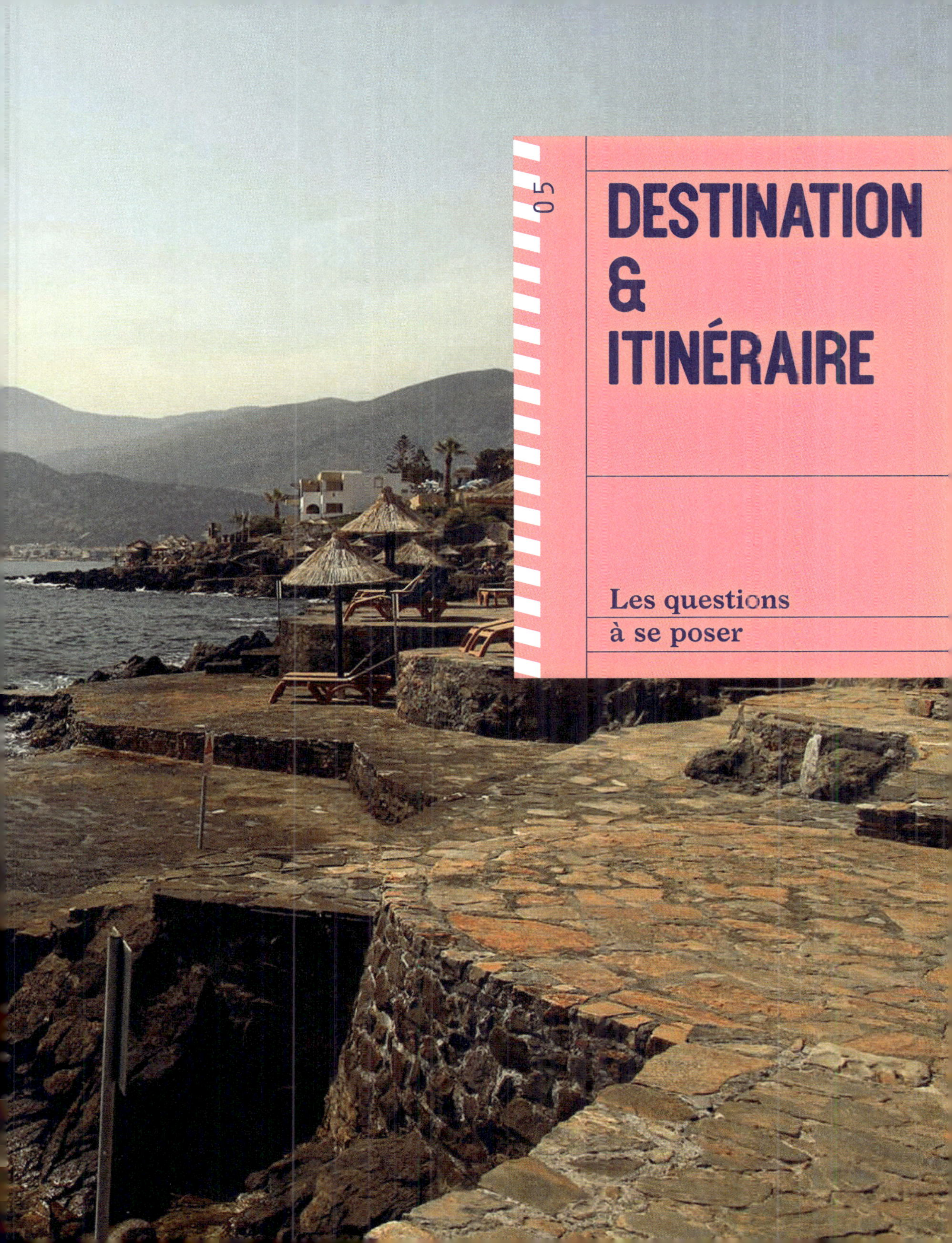

05

DESTINATION & ITINÉRAIRE

Les questions à se poser

5

DESTINATION ET ITINÉRAIRE

MAINTENANT QUE VOUS SAVEZ QUEL TYPE DE VOYAGE VOUS SOUHAITEZ FAIRE ET QUAND PARTIR, IL VA FALLOIR VOUS PENCHER SÉRIEUSEMENT SUR LA QUESTION DE LA DESTINATION ET ENCORE PLUS SUR L'ITINÉRAIRE.

Pour ce qui est de la destination, vous avez à ce stade certainement une idée plus ou moins précise de ce qui vous ferait plaisir. Vous avez peut-être une *short list* de trois ou quatre endroits et vous ne savez pas par où commencer. Cette question se pose bien sûr surtout en cas de voyage, mais il peut arriver que vous hésitiez entre plusieurs pays pour une expatriation, un stage, un PVT, ou même pour constituer la liste des pays que vous souhaitez voir lors de votre tour du monde. C'est un choix très personnel, je ne peux donc pas vraiment vous aider, mais voici quelques questions pour vous orienter.

- Prenez une carte et visualisez toutes les destinations que vous souhaitez découvrir. L'une d'elles sort-elle du lot ?
- Si vous avez un budget serré, cela peut-il vous aider à éliminer les destinations les plus lointaines et les plus chères ? Pensez également aux éventuels autres obstacles (langue, visa, situation géopolitique, culture, etc.) qui pourraient faire pencher la balance.
- Est-il envisageable que vous visitiez certaines ou toutes ces destinations au cours d'un même voyage ?
- Laquelle de ces destinations est un rêve d'enfant ? Lesquelles sont des envies plus récentes ?
- Fermez les yeux et imaginez-vous voyageant ou vivant (selon votre projet) dans chacun de ces pays. Quelle situation vous fait le plus envie ? Laquelle est la plus crédible ?

Votre raison peut vous aider à vous décider, ou bien votre cœur. En voyage, on a plutôt tendance à se laisser guider par la passion et les sens, mais qui sait ? Bien vous renseigner sur ces différentes destinations devrait finir de vous convaincre de choisir l'une d'elles.

Une fois que vous avez décidé du ou des pays que vous souhaitez intégrer à votre parcours, vous devez établir un itinéraire. Il peut être très vague voire quasi inexistant, ou au contraire très précis et détaillé ; tout dépend du type de voyage qui vous plaît le plus, comme nous l'avons vu au chapitre précédent.

Si vous commencez à plancher sur un itinéraire et que vous changiez finalement d'avis sur la destination, ce ne sera pas du temps perdu : ce trajet vous servira peut-être un jour et dans tous les cas, cela restera un bon exercice pour votre avenir de voyageur et d'aventurier. Si vous vous lancez dans l'élaboration d'un itinéraire détaillé, vous verrez que vous changerez souvent d'avis à mesure de votre avancement. Vous ajouterez des jours pour des destinations, en enlèverez pour d'autres, et vous supprimerez même carrément certaines étapes au profit d'autres ! C'est l'expérience et vos recherches qui vous guideront.

À présent, lançons-nous !
Pour un itinéraire simple, il vous faut juste réfléchir à votre ville d'arrivée, certainement à celle du retour (la même ville ou une autre ?) et, si vous ne voulez pas trop partir à l'aveuglette, aux grandes lignes géographiques qu'il y aura entre les deux. Cela ne vous oblige pas à réserver, mais c'est toujours bon d'avoir une ligne directrice en tête, pour avoir un parcours cohérent et ne pas louper des choses que vous voulez absolument voir.

Pour établir un itinéraire détaillé, je vous conseille de vous munir de quelques outils : *a minima* un document Word pour noter vos idées, vos passages obligés, etc. et un document Excel pour indiquer en face de chaque étape le nombre de jours à y consacrer, le type d'hébergement, le mode de transport pour rallier la ville suivante, voire même d'autres informations comme la météo attendue à cette époque de l'année, le prix de l'hôtel, le prix du transport, le nombre d'heures de transport, etc. Ce tableau présentera les étapes à la verticale (voir un exemple en annexe I à la fin du livre), mais vous pourrez aussi créer plus tard un tableau récapitulant les étapes à l'horizontale, par jours, afin d'avoir un planning détaillé facile à suivre (annexe 2).
Je vous conseille d'utiliser des outils informatiques car croyez-moi, vous allez changer d'avis sur tout un bon nombre de fois et cela permettra de remplacer vos idées sans ratures et en gardant quelque chose de clair et net.

Une façon logique de construire votre itinéraire est de vous interroger tout d'abord sur les villes et les endroits que vous voulez visiter au cours de votre voyage, dans les limites raisonnables de votre budget et du temps alloué (comptez au moins deux ou trois jours par lieu). Mettez en valeur ces points sur une carte (sur papier, Google Maps ou Photoshop par exemple), puis tracez un itinéraire en reliant les villes les plus proches entre elles. À vous de décider s'il s'agira d'une boucle ou pas, selon des critères pratiques et votre éventuelle envie d'arriver et repartir de la même ville. Ça y est, votre itinéraire est tracé !

Comme je vous l'ai dit, une fois que vous allez vous renseigner sur chacune des étapes de votre itinéraire, vous risquez de faire des modifications. Mais la trame est posée et c'est ce qui est le plus important. Votre projet commence à devenir concret !

— EN RÉSUMÉ —

MES CONSEILS

➡ Ne négligez pas le pouvoir de la visualisation : fermez les yeux et imaginez-vous aux différents endroits entre lesquels vous hésitez, cela vous aidera sûrement !

➡ Inspirez-vous des itinéraires d'autres voyageurs, de blogueurs, de ceux proposés dans les guides, mais également de ceux que proposent les agences de voyage. Vous pourrez vous créer un parcours personnalisé en mêlant tous les points qui vous intéressent.

➡ Aidez-vous d'outils informatiques comme les tableaux Excel pour mettre au clair votre parcours et pouvoir facilement faire des modifications.

TÉMOIGNAGES

Anna

Anna s'est aidée de plusieurs sites Web comme Rogo (rogo.fr) ou Partirou.com (www.partirou.com) pour choisir la destination de son dernier voyage, en prenant en compte notamment le prix des vols à partir de Paris, le climat du pays ou encore ce qu'elle souhaitait faire, plutôt des visites culturelles ou être en pleine nature. Cela l'a menée à partir en Bulgarie, une destination qu'elle n'avait encore jamais envisagée.

« J'ai décidé de sortir de ma zone de confort et de me laisser un peu porter par ce qu'Internet me proposerait. Une fois que je me suis décidée sur la Bulgarie, je me suis aidée de sites, de blogs et de guides empruntés en bibliothèque pour établir mon itinéraire. J'ai commencé par Wikipédia pour m'imprégner un peu de l'histoire du pays et par Google Maps pour repérer les grandes villes. Lorsque j'ai eu en tête quelques endroits qui m'intéressaient, j'ai regardé s'il était facile d'aller de l'un à l'autre. Il faut faire attention aux dimanches et jours fériés, qui peuvent venir bouleverser un itinéraire, mais aussi aux horaires des transports en commun. J'ai ainsi pu créer mon parcours et réserver mes différents hôtels, trains et bus avant de partir. »

06

LE BUDGET

Les questions
à se poser

• 6 •

LE

BUDGET

SUJET FÂCHEUX MAIS Ô COMBIEN IMPORTANT : COMMENT FINANCER VOTRE PROJET ? FORCÉMENT, UN VOYAGE OU UN DÉMÉNAGEMENT A UN COÛT : NOUS SAVONS TOUS QUE L'AVION EST UN MOYEN DE TRANSPORT ONÉREUX ET IL FAUT POUVOIR SE LOGER, SE NOURRIR SUR PLACE, MAIS AUSSI PAYER QUELQUES ACTIVITÉS POUR PROFITER AU MIEUX DE SON SÉJOUR. SANS COMPTER LES FRAIS ANNEXES : ASSURANCE VOYAGE, ESSENCE, PÉAGES, TICKETS DE MÉTRO, ETC.

Sur Internet, on voit parfois passer l'histoire d'untel qui est parti faire le tour du monde avec cinq euros en poche ou de tel autre qui se donne comme défi de voyager sans rien dépenser. Nous n'avons pas tous une âme suffisamment aventureuse pour tenter ce pari et cela se fonde souvent sur le principe du *begpacking*, qui consiste à mendier auprès des populations locales pour financer son voyage, ce que je ne vous recommande pas. Mais rassurez-vous : premièrement, ceux qui voyagent peu surestiment souvent le coût réel d'un voyage. Deuxièmement, il existe des astuces pour voyager à petit prix.

Tout faire soi-même

La première astuce imparable pour ne pas dépenser des mille et des cents en voyage, c'est de tout faire soi-même. Je veux dire par là, ne pas passer par un *tour operator* ou une agence de voyage. Ces entreprises facturent évidemment leurs services en plus du coût des transports et de l'hébergement. Ce sera bien plus économique de tout réserver par vous-même ; de plus, le résultat correspondra vraiment à vos goûts. Le revers de la médaille, évidemment, est que cela va vous prendre pas mal de temps.

Les transports

Un vol aller-retour Paris – New York coûte souvent moins de quatre cents euros. Vous imaginiez que c'était plus ? Un Paris-Tokyo tourne autour de quatre cent cinquante euros et un Paris-Sydney coûte moins de neuf cents euros. Ce sont évidemment des prix hors saison, mais il y a des chances que vous partiez lors de ces périodes creuses. Voilà pour le prix de l'avion, ce n'est finalement pas si inaccessible qu'on le pense. Il n'y a pas vraiment d'astuces pour payer moins cher, si ce n'est de réserver assez en avance et de vous mettre en navigation privée lorsque vous faites des simulations de prix. Sinon les compagnies, voyant que vous êtes intéressé, peuvent gonfler leurs prix à chaque visite que vous faites sur leur site. Si vous avez déjà fait des simulations sans être en navigation privée, effacez vos cookies et videz votre cache. On dit aussi qu'il faut commander ses billets d'avion à des moments précis pour obtenir le meilleur prix : cinq à six mois avant le départ, le vendredi ou le samedi entre minuit et 2 heures du matin, partir entre janvier et mars, arriver un mardi et repartir un vendredi, etc. En réalité, cela dépend beaucoup de la destination, mais vous pouvez toujours tenter de comparer !

Une fois arrivé à destination, il vous faudra peut-être vous déplacer. Pour cela, il y a du choix : location de voiture (attention aux éventuels frais d'abandon si vous ne rendez pas votre voiture dans la même agence), train, avion, bateau, transports locaux, etc. Mais le bus reste une bonne solution, généralement peu coûteuse (je vous conseille tout de même de comparer : parfois un vol peut être au même prix, voire moins cher, pour un confort bien supérieur). Vous pouvez par exemple choisir un bus de nuit pour faire un trajet de dix à vingt heures et économiser le prix d'un vol ou d'une voiture de location, mais également d'une ou deux nuits d'hôtel. Attention tout de même, il n'est pas dit que vous réussirez à bien dormir ou que vous supporterez de rester enfermé dans un bus si longtemps. Parfois il vaut mieux payer un peu plus pour obtenir plus de confort, mieux dormir et ainsi mieux profiter des journées à suivre.

L'hébergement

Passons maintenant à l'hébergement : les prix peuvent beaucoup varier en fonction de l'endroit, mais aussi du type d'hébergement. Dans les villes très chères comme New York ou San Francisco, il est souvent meilleur marché de louer un studio ou un appartement *via* des sites comme Airbnb ou HomeAway. Ailleurs, à vous de faire en fonction du confort que vous souhaitez et de votre budget. Les possibilités vont du lit en dortoir en auberge de jeunesse à l'hôtel tout confort, en passant par le camping, le motel ou le *bed and breakfast*. Pour vous aider, vous pouvez chercher des auberges et hôtels sur des comparateurs en ligne, qui proposent aussi parfois des réductions.

L'astuce pour réduire drastiquement son budget hébergement est de faire du Couchsurfing. Dans chaque ville vous trouverez *via* le site homonyme des dizaines de personnes prêtes à accueillir des voyageurs pour une ou plusieurs nuits. Le concept est fondé sur la générosité la plus pure. Mais n'en profitez pas trop, il est tout de même de bon ton d'amener un cadeau à son hôte et de l'aider : vaisselle, courses, repas, etc. Si vous choisissez cette option, il n'est pas non plus question de jouer l'ours associable. La personne qui vous accueille a envie de parler avec vous, d'apprendre à vous connaître et de discuter des différences entre vos cultures. Qui sait, vous garderez peut-être même contact après votre départ ! Si ce type d'hébergement vous fait un peu peur, vous pouvez le tester pour quelques nuits et réserver un hôtel pour la suite ; ainsi, vous économiserez tout de même de l'argent. Si vous êtes seul et aller chez un inconnu vous effraie, ce qui est compréhensible, vérifiez bien les commentaires sur l'hôte laissés par ses précédents invités. Si vous avez un doute, ne tentez pas !

Une autre façon d'économiser sur le prix des nuits est de faire du Wwoofing, mais vous devrez encore plus vous impliquer. En effet, le Wwoofing consiste à échanger un toit et des repas contre quelques heures de travail par jour dans une ferme biologique. J'ai testé ce concept deux fois, dans une plantation de café à Hawaï et dans un vignoble en Californie. Sur le papier, ça peut faire rêver, et c'est effectivement une belle aventure, mais il faut être impliqué, le travail est souvent dur physiquement et très fatigant, et les conditions d'hébergement sont rarement idéales. De plus, les fermes sont souvent isolées, loin des grandes villes et sans transports en commun à proximité. Vous l'avez compris, pour faire du Wwoofing, vous devez vraiment en avoir envie, ce ne sera pas des vacances. Mais vous aurez vécu une belle aventure à petit prix !

Les repas

En Wwoofing et parfois même en Couchsurfing, il arrive que les hôtes invitent les voyageurs qu'ils hébergent à manger. Mais dans d'autres cas, il vous faudra acheter de la nourriture. Pour ne pas dilapider votre budget, un seul mot d'ordre : limiter les restaurants. D'autres solutions s'offrent à vous : acheter à manger tout fait dans des cafés, boulangeries, fast-foods, ou bien faire vos courses en supermarché et préparer vous-même vos repas. Cette dernière possibilité n'est pas forcément simple à appliquer. Si vous comptez peu bouger et si votre logement ou location vous permet de cuisiner, bingo ! Faites des courses normales et préparez vos repas comme vous le faites chez vous.

Si vous n'avez rien pour cuisiner, voire pire, si vous êtes en *road trip* et vous changez d'endroit chaque jour, il faut aller au plus simple. Privilégiez des aliments qui ne se conservent pas au frigo, qui n'ont pas besoin d'être cuits ou réchauffés et que l'on peut assembler sur le pouce : pain de mie, boîtes de thon, fromages à pâte dure, houmous, légumes crus déjà épluchés, fruits, biscuits, barres de céréales, salades composées en conserve. Pour avoir expérimenté cela pendant plusieurs semaines, à préparer et manger des sandwichs en route, je peux vous assurer que c'est assez lassant ; il faut trouver des astuces pour varier un peu les menus et faire des exceptions en mangeant un repas chaud à l'extérieur de temps en temps. Mais au plan financier, c'est une méthode imbattable ! Et plus saine que d'enchaîner les fast-foods.

Petite astuce : un couteau suisse pourrait bien vous être utile. Entre couteau, ouvre-boîte, tire-bouchon et décapsuleur, il sera sans doute votre meilleur ami en *road trip*, mais mettez-le bien dans vos bagages en soute dans l'avion et pas dans votre sac cabine, sinon il sera confisqué ! N'oubliez pas non plus de toujours garder des bidons d'eau dans le coffre ; on peut vite tomber en rade sans avoir de ravitaillement à proximité. Et si vous voulez avoir une glacière avec vous, vous avez le choix d'en acheter une sur place ou bien d'en emporter une souple qui se glisse dans votre sac de rando.

Dernier conseil : s'il y a un buffet petit déjeuner dans l'hôtel où vous logez, faites un gros repas le matin ; vous n'aurez sans doute pas à manger à midi, ou très peu, et vous aurez un budget plus important pour votre repas du soir. Si vous allez au restaurant, vous pouvez aussi demander un *doggy bag* avec vos restes pour que cela vous fasse un deuxième repas.

Les activités

Nous avons parlé des trois postes de dépense principaux en voyage : les transports, l'hébergement et la nourriture. Mais il y a une multitude de frais annexes et les plus importants concernent toutes les activités que l'on fait pour profiter au mieux de l'endroit que l'on visite : musées, croisières, visites guidées, tours en bus, etc. Sans oublier les éventuels pourboires, frais bancaires et taxes additionnelles qui peuvent augmenter vos dépenses !

Dans les grandes villes, on trouve assez facilement des passes qui permettent de visiter plusieurs musées en économisant quelques euros. Ce n'est avantageux que si vous voulez réellement visiter tous ces musées. Autrement, n'hésitez pas à chercher des réductions sur Internet ou dans les brochures proposées dans les hôtels.

Établir son budget à l'avance

Vous savez désormais comment réduire votre budget. Mais il reste important de le simuler bien avant le départ, pour ne pas risquer de vous retrouver à sec en plein milieu du voyage. Mon premier conseil est de toujours prévoir une marge. Par exemple, si vous pensez dépenser quinze euros par jour pour la nourriture, calculez votre budget avec vingt euros par jour. On ne sait jamais et au mieux, vous aurez une belle surprise en rentrant avec un surplus d'argent sur votre compte bancaire.

Pour mon premier grand voyage, j'ai ouvert un document Excel et fait un tableau où j'ai indiqué le prix des hôtels que j'avais déjà réservés et celui prévu pour les autres nuits, en me basant sur le prix moyen annoncé sur les comparateurs d'hôtels. Dans mon cas, une nuit tournait en moyenne autour de 40 euros, soit 3 320 euros pour 83 nuits. Cela nous revenait à 1 660 euros par personne, que l'on arrondit à 1 700 pour avoir un peu de marge.

Pour les moyens de transport, utilisez la même méthode : notez le prix de tous les trajets déjà réservés et simulez celui des autres. Pour la nourriture, fixez-vous un budget raisonnable ; vous serez parfois au-dessus, parfois en dessous et cela vous aidera à choisir vos repas selon leur prix.

Imaginons donc que je compte, pour trois mois, 1 700 euros de logement, 2 000 euros de transports divers et 1 700 euros de nourriture. Nous arrivons à 5 400 euros. Mais ce n'est pas tout : il faut compter les frais annexes, les imprévus, une éventuelle assurance voyage, des sorties, des visites. C'est un peu compliqué à calculer précisément (sauf si vous prévoyez des frais importants pour un événement, par exemple un concert ou un match), mais, toujours dans l'optique de partir avec de la marge, on va supposer que tout cela ne dépassera pas 600 euros. On se retrouve donc avec un budget total de 6 000 euros.

C'est un peu de la cuisine maison pour calculer tout ça, mais mieux vaut le faire que ne rien faire du tout. C'est en additionnant chaque budget qu'on arrive à visualiser la somme d'argent nécessaire pour un voyage. J'ai testé cette méthode pour mes deux longs voyages et chaque fois, je me suis rendu compte que j'avais dépensé 500 à 1 000 euros de moins que mon budget prévisionnel !

Faut-il chercher les économies à tout prix ?

Avant de clore ce chapitre consacré au budget, je veux attirer votre attention sur un point important. Nous venons de passer plusieurs pages à apprendre comment économiser le plus possible et voyager à moindre coût. Prenez toutefois le temps de réfléchir : souhaitez-vous vraiment un voyage peu coûteux, mais peut-être avec des nuits chez des inconnus, des repas froids souvent identiques, des moyens de transport pas toujours très confortables ? Cela dépend vraiment de vous, de vos attentes, de votre personnalité. Si vous êtes aventureux, habitué aux conditions du camping, foncez ! Sinon, il sera peut-être judicieux d'élever un peu le standing de votre voyage et donc d'augmenter votre budget.

Pendant mon deuxième *road trip* et notamment les deux semaines à Hawaï, j'ai regretté de m'être autant serré la ceinture, parce que les conditions d'hébergement étaient très inconfortables ; j'ai accumulé beaucoup de fatigue, ce qui m'a empêché de profiter de mon séjour comme je l'aurais voulu, et on ne va pas à Hawaï tous les quatre matins ! J'aurais aussi voulu m'accorder quelques restaurants locaux et une ou deux activités en plus, mais Hawaï était notre première étape et je devais économiser pour les mois de voyage à venir.

Bref, réfléchissez-y bien. Il vaut parfois mieux repousser son voyage pour avoir un budget plus important, par exemple pour pouvoir vous payer ce survol du Grand Canyon en hélicoptère dont vous rêvez. Vous n'y retournerez sans doute pas de sitôt !

Trouver les finances nécessaires

La solution la plus évidente pour financer un voyage est bien sûr de travailler et d'économiser. Cela prend souvent des années, mais on est heureux de se faire un si beau cadeau en l'ayant intégralement financé soi-même.

D'autres possibilités de financement existent : bourses régionales, départementales, d'entreprise, si par exemple votre voyage a une visée humanitaire, documentaire, etc. Vous pouvez aussi monter un dossier de *sponsoring* et l'envoyer à des entreprises, cependant ne vous faites pas trop d'espoir, elles acceptent très rarement.

Dans le même genre, si vous avez un blog de voyage, vous pouvez proposer des partenariats à des entreprises. Personnellement, j'ai utilisé cette méthode une cinquantaine de fois : je propose aux sociétés une mention et un lien dans un article sur mon blog contre des nuits d'hôtel, des tickets pour une activité ou un billet de transport. Attention, je vous déconseille de créer un blog dans l'intention de faire des partenariats avec des entreprises. Premièrement, ça ne fonctionnera pas, car votre blog sera trop jeune, sans maturité et statistiques convaincantes ; deuxièmement, si c'est là votre motivation pour bloguer, vous lâcherez l'affaire très vite et l'entreprise sentira que votre démarche était intéressée. Il faut être passionné et adorer le blogging pour tenir le cap sur la durée, et il faut surtout écrire avant tout pour soi, ses proches et ses lecteurs, pas pour des entreprises.

Une dernière solution pour récolter de l'argent en vue d'un voyage, c'est de constituer une cagnotte en ligne. Elle peut être à destination de vos proches (par exemple comme cadeau de mariage ou d'anniversaire) ou bien publique et compter sur la générosité d'inconnus. Dans ce deuxième cas, si votre voyage a un but scientifique, humanitaire ou si vous comptez sortir un livre ou une vidéo, vous pouvez proposer une contrepartie aux donateurs. Mais si vous comptez sur la gentillesse des gens pour financer vos vacances, je ne vous cache pas que ce sera très mal vu, à juste titre.

— EN RÉSUMÉ —

MES CONSEILS

➡ La meilleure façon d'économiser est d'en faire un maximum soi-même, des réservations aux repas sur place.

➡ De nombreuses formules permettent d'allier économies et rencontres, comme les auberges de jeunesse, le Couchsurfing ou le Wwoofing. Pensez-y !

➡ Passage obligatoire pour un long voyage : l'établissement du budget. À moins d'avoir un compte en banque très bien rempli, vous ne pourrez pas y couper. Pensez à prévoir une marge afin d'être tranquille en cas de pépin ou d'erreur de calcul !

➡ Êtes-vous sûr d'être prêt à faire le voyage le plus économique possible, quitte à y perdre en confort, être trop fatigué pour en profiter et manquer des expériences ? Il faut trouver le juste équilibre.

TÉMOIGNAGES

Thibault

Avant de partir pour un tour du monde, Thibault a utilisé plusieurs méthodes pour épargner de l'argent.

« Pour pouvoir mettre un maximum de mon salaire de côté, j'ai réduit mon train de vie pendant l'année précédant mon départ : j'ai arrêté mes abonnements, j'ai réduit mon rythme de livraisons de repas, j'ai privilégié les soirées chez moi plutôt que dans des bars, je n'ai pas voyagé, plein de petites choses qui demandent parfois des sacrifices, mais qui permettent d'économiser beaucoup. J'ai aussi vendu une partie de mes affaires, surtout dans les mois précédant mon départ, des meubles, des livres, des vêtements. Quand c'était possible, j'ai fait des heures supplémentaires, j'ai mis soigneusement mes primes de côté. C'était une année fatigante et parfois un peu frustrante, mais mon objectif m'a aidé à me motiver et à épargner les quinze mille euros nécessaires à mon tour du monde. »

Marine

Marine, du blog **discoveRin** (discove-rin.blogspot.com), est partie un an en échange universitaire au Japon et a dû redoubler d'efforts afin de trouver la somme nécessaire pour financer cette aventure.

« On me demandait de venir avec dix mille euros de réserve financière, pour garantir que je pourrais tenir toute l'année sans travailler. J'ai dû travailler énormément en parallèle de mon année de L2, mais aussi pendant l'été, et j'ai abandonné tout loisir, toute sortie pour économiser. J'ai aussi bénéficié des bourses du Crous et de la région, et finalement j'ai travaillé une fois au Japon, ce qui m'a permis de rentrer en France avec la moitié de mon budget non dépensé. »

07

LES VISAS

Les questions à se poser

7

LES VISAS

Diverses contraintes se présentent quand on prépare un voyage et l'une d'elles consiste à réussir à entrer sur un territoire étranger. Pour aller directement au but, vous trouverez ci-dessous les pays les plus visités, avec pour chacun les modalités d'obtention d'un visa de tourisme et sa durée de validité au moment où j'écris ces lignes. Pour vérifier que ces modalités n'ont pas changé, ou pour chercher d'autres pays, vous pouvez consulter le site gouvernemental France diplomatie (www.diplomatie.gouv.fr).

Amériques

Argentine : séjour autorisé de 90 jours sans visa, avec possibilité de prolongation.

Brésil : séjour autorisé de 90 jours sans visa, avec possibilité de prolongation.

Canada : séjour autorisé de 6 mois avec une autorisation de voyage électronique (AVE) valable 5 ans (7 dollars canadiens).

Chili : séjour autorisé de 90 jours sans visa, avec possibilité de prolongation.

Costa Rica : séjour autorisé de 90 jours sans visa, avec une taxe de 27 dollars si vous quittez le pays par l'aéroport international.

États-Unis : séjour autorisé de 90 jours avec une autorisation électronique ESTA valable 2 ans, à demander en ligne au moins 48 heures avant le départ (14 euros), sans prolongation possible.

Mexique : séjour autorisé de 180 jours sans visa.

Pérou : séjour autorisé de 2 à 6 mois sans visa selon la demande, sans prolongation possible.

Uruguay : séjour autorisé de 90 jours sans visa, avec possibilité de prolongation.

Afrique

Afrique du Sud : séjour autorisé de 90 jours sans visa, avec possibilité de prolongation.

Algérie : séjour autorisé de 30 jours avec visa (85 euros), avec possibilité de prolongation.

Cameroun : séjour autorisé de 30 jours avec visa (115 euros).

Côte d'Ivoire : séjour autorisé de 90 jours avec e-visa (70 euros).

Égypte : séjour autorisé de 30 à 90 jours avec visa (25 à 60 dollars selon le nombre d'entrées).

Gabon : visa de 90 jours ou 6 mois (55 à 185 euros).

Kenya : visa de 90 jours délivré à l'arrivée (40 euros) ou e-visa de 90 jours, avec possibilité de prolongation.

Madagascar : visa de 30, 60 ou 90 jours (27, 33 ou 46 euros).

Mali : visa de 30 ou 90 jours (70 ou 90 euros).

Maroc : séjour autorisé de 90 jours sans visa, avec possibilité de prolongation.

Maurice : séjour autorisé de 90 jours sans visa, avec possibilité de prolongation.

Sénégal : séjour autorisé de 90 jours sans visa.

Tunisie : séjour autorisé de 90 jours sans visa.

Asie

Arabie saoudite : e-Visa touristique de 3 mois (440 riyals saoudiens).

Arménie : séjour autorisé de 180 jours sans visa.

Cambodge : visa de 30 jours (35 euros).

Chine : visa de 30 jours (126 euros), avec possibilité de prolongation.

Corée du Sud : séjour autorisé de 90 jours sans visa, sans prolongation possible.

Émirats arabes unis : séjour autorisé de 90 jours sans visa, avec possibilité de prolongation.

Inde : visa de 30 ou 90 jours (104 euros maximum).

Japon : séjour autorisé de 90 jours sans visa, sans prolongation possible.

Liban : visa de 30 jours à l'arrivée, avec possibilité de prolongation.

Malaisie : séjour autorisé de 3 mois sans visa.

Singapour : séjour autorisé de 30 jours sans visa.

Thaïlande : séjour autorisé de 30 jours sans visa, avec possibilité de prolongation

Turquie : séjour autorisé de 90 jours sans visa.

Vietnam : séjour autorisé de 15 jours sans visa.

Océanie

Australie : e-visa de 90 jours.

Nouvelle-Zélande : séjour autorisé de 90 jours sans visa.

Europe

Pour la plupart des pays d'Europe, faisant partie de l'espace Schengen, un séjour de 90 jours est autorisé sans visa.

Royaume-Uni : pas de visa nécessaire, mais à vérifier selon l'issue du Brexit, pour le moment reporté.

Russie : visa de 30 jours (61 euros), sans prolongation possible.

Si vous avez un doute, n'hésitez pas à consulter le site France Diplomatie ; il vaut mieux le vérifier régulièrement avant votre départ, au cas où une destination qui ne demandait jusque-là pas de visa en requerrait désormais un. Et n'oubliez pas non plus de partir avec un passeport biométrique encore valable six mois après votre retour. Si vous devez faire ou refaire une demande de passeport, prenez-vous-y au moins un bon mois à l'avance, voire davantage si c'est en été.

Autre conseil : certains pays (comme les États-Unis) demandent de présenter un billet retour (d'avion ou de bus par exemple, si vous allez ensuite au Canada ou au Mexique) garantissant que vous ne resterez pas plus de trois mois sur leur territoire. C'est important car sans ça, vous risquez de vous faire refouler à la douane !

Les autres types de visas

Vous partez peut-être pour étudier, faire un stage, un VIE ou travailler à l'étranger. Dans ce cas, pas question de voyager avec un visa de tourisme, vous risqueriez d'être interdit d'entrée sur le territoire pendant plusieurs années. Il vous faudra un visa spécifique (de stagiaire, d'étudiant et/ou un permis de travail). Renseignez-vous bien sur les modalités ; il faut en général envoyer un dossier à l'ambassade, mais il peut également y avoir des quotas, voire des tirages au sort, comme aux États-Unis. Armez-vous de patience !

D'ailleurs, si ce sont les États-Unis qui vous attirent et si votre rêve est d'y vivre à long terme, vous pouvez jouer à la Green Card Lottery ; elle a lieu en ligne chaque année au mois d'octobre et c'est gratuit. Il suffit de télécharger une photo de vous récente (attention, elle doit répondre à des critères précis expliqués sur le site) et de renseigner quelques informations de base. Les résultats du tirage au sort sont communiqués chaque année au mois de mai. Faites bien attention à participer sur le site officiel dvlottery.state.gov ; des sites frauduleux se font passer pour le gouvernement américain et demandent de payer pour participer. Soyez vigilant.

— EN RÉSUMÉ —

MES CONSEILS

➡ On ne plaisante pas avec les visas. Renseignez-vous bien en amont pour savoir si vous avez besoin d'en demander un ou pas et surtout, assurez-vous qu'il corresponde bien à l'activité que vous allez faire sur place : tourisme, études ou travail.

➡ Pour les pays asiatiques, il est souvent plus intéressant financièrement d'acheter son visa sur place plutôt qu'en France, mais pensez à avoir des photos d'identité sur vous !

➡ Pour certaines destinations comme la Chine ou la Russie, il est long et compliqué d'obtenir un visa ; vous pouvez dans ce cas passer par un prestataire qui s'en occupe à votre place.

TÉMOIGNAGES

Tess

Tess a connu quelques difficultés pour préparer son voyage en Russie, à cause de la fameuse demande de visa !
« Quand j'ai commencé à préparer mon voyage, je me suis vite découragée à la vue de tout ce qu'il fallait faire pour obtenir un visa ! Pour justifier de sa venue, il faut avoir une confirmation d'accueil sur le territoire et un *voucher* de l'endroit où l'on logera, hôtel ou amis, qui sont un peu complexes à obtenir. Si l'on reste quatorze jours ou plus, il faut aussi fournir un planning détaillé de son séjour ! Je suis finalement passée par une agence spécialisée dans les demandes de visa pour ne pas avoir à gérer ça moi-même, contre quelques dizaines d'euros. Le prix de la tranquillité. »

Audrey & Sébastien

Audrey et Sébastien de **Family Coste** ont connu une grande déconvenue à la frontière entre les États-Unis et le Canada.
« Après six mois de *road trip* aux États-Unis, nous avons décidé de retourner au Canada, pour le traverser d'Est en Ouest. Nous sommes arrivés comme des fleurs à la frontière canadienne, après avoir traversé tous les États-Unis en trois semaines, en bravant des tempêtes de neige. Sauf que la douane a pensé que nous voulions immigrer illégalement, puisque nous étions déjà à Montréal quelques mois plus tôt et que nous avions déjà fait une extension de notre visa. C'était totalement faux, mais malheureusement, c'est le douanier qui décide. Nous avons gardé notre calme. Nous sommes restés plus de quatre heures aux douanes, en essayant d'expliquer ce que nous faisions réellement. Nous avions un dossier extrêmement bien préparé, avec l'itinéraire, tout était tracé, ils n'avaient plus qu'à nous faire confiance, mais ils ont choisi de ne pas le faire. Ils ont préféré nous accorder quinze jours seulement de présence au Canada. Nous avons rigolé, pleuré, puis nous leur avons dit : "Rendez-nous nos visas américains, nous ne voulons pas de vos quinze jours, nous repartons aux États-Unis." Nos visas américains n'étaient encore valables que pour cinq jours. Nous avons donc retraversé les États-Unis en diagonale, du Canada jusqu'au Mexique, en seulement trois jours. Nous avons roulé de jour, de nuit, nous ne nous sommes presque pas arrêtés ; nous dormions deux heures et nous repartions. Et finalement, c'est la meilleure chose qui nous soit arrivée, puisque nous sommes vraiment tombés amoureux du Mexique. Nous nous sommes pris une grande claque avec ce refus de visa à la frontière du Canada, mais tout cela avait une raison et nous en sommes très contents ! »

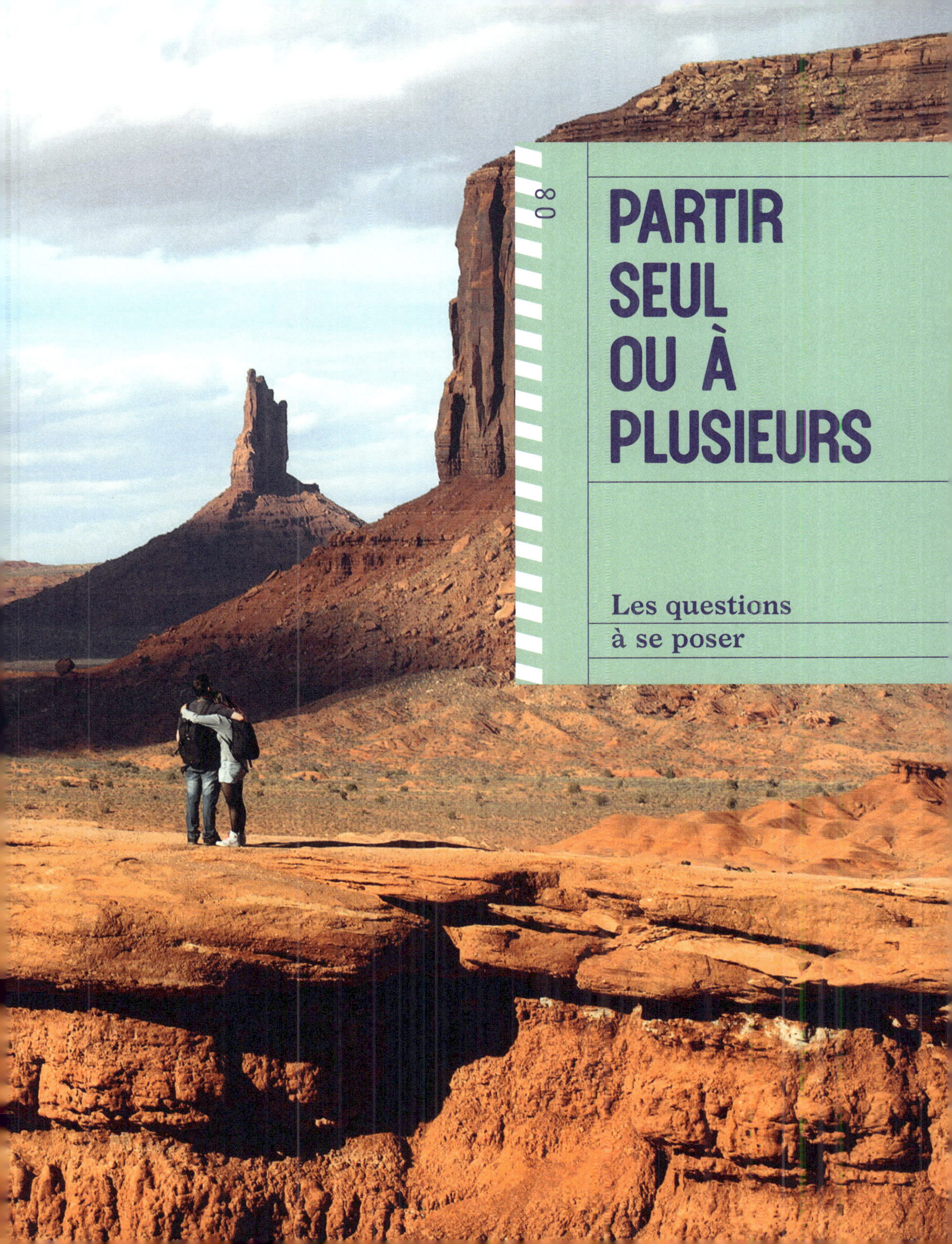

08

PARTIR SEUL OU À PLUSIEURS

Les questions à se poser

8

PARTIR SEUL OU À PLUSIEURS

Vous avez déjà répondu à la question « Souhaitez-vous partir seul ou à plusieurs ? » au chapitre 1. Pour la plupart d'entre vous, la réponse est évidente : vous savez que vous voulez voyager seul, avec un ou des amis, votre moitié ou votre famille. Mais pour d'autres, c'est plus compliqué. On peut par exemple souhaiter partir avec quelqu'un, mais n'avoir personne dans son entourage avec qui le faire. Ou bien avoir envie de partir seul alors que son conjoint aimerait bien venir aussi. Dans ces cas-là, que faire ?

Partir avec des inconnus

Partir avec des inconnus est une bonne solution quand on ne veut pas voyager seul mais que l'on n'a pas de compagnons de voyage. Vous pouvez mettre une annonce sur une page Facebook de voyageurs, sur Couchsurfing.com ou même sur des sites dédiés. Vous aurez probablement plusieurs réponses.

Attention, ne partez pas avec n'importe qui ! Commencez par discuter par messages avec les personnes qui se sont proposées, rencontrez-les si possible, ou prenez contact avec elles par Skype. Si le courant passe bien, si vous avez la même vision du voyage, les mêmes envies, vous pouvez décider de partir ensemble, mais cloisonnez bien les réservations et les dépenses ; ainsi, si votre voyage tourne au vinaigre, vous pourrez toujours quitter votre compagnon et faire cavalier seul. Autre précaution : vous pouvez partir en week-end avec votre nouvel ami avant de tenter un voyage au long cours, cela permet de prendre conscience des qualités et des défauts de l'autre, et de mieux se connaître.

Partir seul

Que ce soit par choix ou par défaut, partir seul est une pratique très courante chez les *backpackers*. Il y a des avantages à cela : vous prenez toutes les décisions, vous êtes libre de faire ce que vous voulez et de changer d'avis sur un coup de tête, d'avancer au rythme qui vous convient ; vous rencontrerez certainement plus de monde et vous n'aurez personne avec qui vous disputer.

D'un autre côté, il y a des craintes fréquemment liées à un voyage en solo : la peur de la solitude, de l'ennui ; cela peut être très déprimant de se retrouver seul face aux inévitables galères de voyage (maladie, blessure, gros imprévu, panne de voiture, etc.).

Là encore, vous devez faire en fonction de votre personnalité ; si vous aimez être seul et si vous n'avez pas peur d'aller à la rencontre de nouvelles têtes, par exemple en auberge de jeunesse, ce type de voyage vous conviendra. Si au contraire, vous êtes rassuré en voyageant à deux ou plus et vous ressentez le besoin de partager avec quelqu'un ce que vous voyez, il vaut mieux repousser votre voyage, le temps de trouver la personne idéale pour partir avec vous. Et pour savoir si vous êtes vraiment du genre à voyager seul, pourquoi ne pas commencer par un week-end ou une petite semaine dans un lieu proche ?

Partir seule, pour une femme, peut également être source d'inquiétude, pour vous ou pour vos proches. Vous pouvez avoir peur de faire une mauvaise rencontre, de vous faire agresser, qu'on vous vole votre argent. Pourtant heureusement, dans la plupart des pays, il n'est pas plus risqué de voyager quand on est une femme seule. Mais qu'on soit homme ou femme, il faut de toute façon respecter certaines règles évidentes : éviter de se retrouver seul la nuit dans un endroit désert ou réputé dangereux, entrer dans une boutique pleine de monde si on se sent suivi, faire attention à ce qu'on nous donne à boire ou à manger et surveiller son verre lorsqu'on est dans un café ou un bar (quelqu'un pourrait y glisser de la drogue), éviter de montrer sa peur et en général, suivre son instinct. Si vous sentez le danger, protégez-vous.

Partir en couple

Pour les longs voyages, je suis toujours partie avec mon mari car nous sommes une *team* et nous ne nous imaginons pas vivre quelque chose d'important l'un sans l'autre. Nous ne nous sommes donc jamais posé la question : c'était évident que nous partirions à deux et ça s'est toujours très bien passé. Mais un long voyage peut être une véritable épreuve pour un couple car il est probable que plein de galères vous tomberont dessus et il faut savoir les gérer sans s'écharper. Ça ne veut pas dire que vous ne devriez pas partir ensemble : cela peut aussi vous rapprocher et vous constituer des souvenirs intenses. Encore une fois, à vous de voir ! Et comme dans tous les domaines liés au couple, il faudra peut-être faire des compromis entre les envies et le budget de chacun, pour le choix des destinations, des activités du jour, etc.

Il se peut aussi que vous ayez quelqu'un dans votre vie et pas pour autant l'intention de partir avec. Si votre moitié est d'accord avec ça, très bien. Cependant si ce n'est pas le cas, vous n'avez pas à céder, mais ça ne serait pas non plus judicieux de ne pas écouter les doléances de votre conjoint, surtout si vous êtes dans une relation de longue date. Trouvez un compromis : partir seul mais moins longtemps, partir un temps avec lui ou elle et un temps seul, etc. Cela peut aussi être une épreuve pour un couple ! Et un petit rappel : les personnes qui ne partiront pas avec vous risquent fort, selon ma propre expérience, d'être peu intéressées voire carrément agacées par le récit de vos voyages. C'est donc quelque chose que vous ne pourrez peut-être pas vraiment partager avec votre conjoint et vous serez seul face à vos souvenirs. Pour pallier ça, il peut être intéressant d'impliquer un peu l'autre en le skypant souvent, en lui envoyant des cartes postales, des photos, des vidéos quotidiennes ou hebdomadaires.

Partir avec des amis

C'est à peu près la même chose que partir en couple : vous vous connaissez bien, le voyage peut être fait de disputes et de désaccords, comme il peut être génial et vous créer de merveilleux souvenirs que vous aurez plaisir à vous rappeler chaque fois que vous vous verrez. Le voyage, c'est un peu comme la colocation, ça peut pourrir une amitié ; il vaut donc mieux partir soit avec des copains qu'on connaît depuis peu ou des amis d'amis, soit avec des potes de longue date dont on sait que l'amitié est solide et sans failles. Plutôt que de partir à deux, il peut être sympa de partir en groupe de quatre ou cinq ; d'une part, vous pourrez largement amortir une location de voiture et le coût de l'hébergement, et d'autre part, si vous avez envie de vous isoler un peu, cela ne gênera personne et ne cassera pas la dynamique du groupe.

— EN RÉSUMÉ —

MES CONSEILS

➡ Essayez de déterminer si vous êtes un voyageur seul, qui aime la liberté de tout pouvoir décider de lui-même, ou plutôt un covoyageur, qui a besoin de partager avec quelqu'un ce qu'il découvre.

➡ Avant un premier long voyage seul, il est intéressant de commencer par voir petit avec quelques week-ends en solo.

➡ Si vous souhaitez partir avec quelqu'un, assurez-vous que vos caractères vont « matcher » durant le voyage, que vous êtes sur la même longueur d'ondes et que vous avez des envies complémentaires. Sinon, il vaut peut-être mieux partir seul.

SÉVILLE MAI 2017 SÉVILLE Espagne

TÉMOIGNAGE

Candice

Candice fait partie de ces personnes qui préfèrent voyager seules et plus elle le fait, plus elle ose des séjours longs et lointains.

« Ce n'est pas quelque chose que j'ai voulu tenter spontanément, mais à force de lancer dans le vent des projets avec des amis qui au final ne se concrétisaient jamais, j'en ai eu assez d'attendre. Mon premier voyage seule, c'était une semaine à Londres ; rien de très exotique ni téméraire, mais j'ai eu le sentiment d'être indépendante et adulte, j'ai apprécié de pouvoir flâner à mon rythme, passer deux heures à lire dans un café si je le voulais, ou rester toute une aprèm dans un musée. Je vis de toute façon seule en France et ça ne m'a jamais empêchée de sortir, d'aller au cinéma, au restaurant. En voyage c'est pareil, je suis mes envies sans m'inquiéter du fait d'être seule et souvent, ça me permet de faire des rencontres. Osez ! Vous rencontrerez peut-être des galères, comme dans tout voyage, et si vous vous rendez compte que ce n'est pas pour vous, vous ne réitérerez pas l'expérience, mais ce sera une histoire à raconter à vos petits-enfants. »

09

LES DÉMARCHES ADMINI-STRATIVES

Les questions à se poser

9

DÉMARCHES LES ADMINISTRATIVES

NOUS AVONS DÉJÀ ABORDÉ LE SUJET DES VISAS AU CHAPITRE 7, MAIS BIEN SOUVENT CE N'EST PAS LA SEULE DÉMARCHE ADMINISTRATIVE QU'IL FAUT EFFECTUER QUAND ON PRÉPARE SON DÉPART. JE SAIS, IL S'AGIT LÀ DE LA PARTIE LA PLUS PÉNIBLE, MAIS IL FAUT BIEN S'Y ATTELER ET PLUS VITE CE SERA FAIT, PLUS VITE VOUS EN SEREZ DÉBARRASSÉ.

L'assurance voyage

Indispensable ! Vous ne comptez pas tomber malade en voyage, mais mieux vaut être prévoyant, d'autant plus que dans certains pays les frais de santé sont extrêmement élevés. Si vous partez en vacances, il vous faut une assurance voyage ; si vous partez à l'étranger pour travailler (PVT, stage, expatriation classique, etc.), vous devez souscrire une assurance expatriation spécifique. De nombreux organismes proposent ce type d'assurance, il ne vous reste qu'à comparer sur Internet !

Si vous partez moins de trois mois, renseignez-vous également sur l'assurance voyage incluse dans votre assurance habitation ou avec votre carte bancaire si c'est une Gold. Eh oui, parfois ce genre de garanties (frais de santé à l'étranger, rapatriement, etc.) sont déjà comprises !

Attention, si vous partez à plusieurs, vérifiez que chaque personne est bien assurée ; en général les assurances voyage ne couvrent qu'une seule personne à la fois, mais parfois elles comprennent également votre époux/épouse et/ou vos enfants. Bref, à vous de mener l'enquête !

La banque

« J'ai déjà un compte bancaire, je n'ai rien de plus à faire », pensez-vous peut-être. Et pourtant, il y a plusieurs choses à vérifier avec votre conseiller bancaire avant de partir. En vrac : votre plafond de retrait, votre plafond de paiement, le montant des commissions, l'existence d'une option internationale et son intérêt pour vous (n'est-il pas plus avantageux de prendre une carte Gold ?), etc. Il serait dommage que vous vous aperceviez une fois sur place que vous ne pouvez plus utiliser votre carte car vous avez atteint le plafond, ou bien que vous payez de fortes commissions alors que vous auriez pu l'éviter avec une option.

Petite astuce : si vous avez deux comptes bancaires, chacun lié à une carte, prenez les deux ; cela peut se révéler très utile en cas de perte, de vol ou tout simplement de blocage. Surtout, ne gardez pas vos cartes au même endroit ; mettez-en par exemple une dans votre portefeuille et l'autre dans un petit sac à bandoulière que vous garderez contre votre poitrine.

Si vous voulez diversifier vos moyens de paiement, vous pouvez également commander des *traveller cheques*, des sortes de chèques valables dans tous les pays, mais attention, pas dans tous les commerces. En général, on peut les utiliser dans les hôtels ou pour payer des activités comme des parcs d'attraction.

Dernier conseil : il n'est pas forcément intéressant d'échanger ses euros contre des devises locales, que ce soit en France ou dans le pays d'accueil. Préférez retirer de temps en temps de grosses sommes d'argent en liquide ; ainsi, vous paierez moins de commissions. À adapter évidemment selon le pays et le mode de voyage (il n'est pas toujours *safe* de garder beaucoup d'argent liquide sur soi).

Les impôts

Si vous partez longtemps, notamment pour travailler, vous êtes supposé déclarer votre changement de pays au centre des impôts. Cependant, si vous savez déjà que vous reviendrez dans quelques mois, inutile de vous embêter avec ça.

N'oubliez pas de dématérialiser vos déclarations de revenus pour que ce soit plus simple de le faire à distance. Pour cela, il suffit de vous connecter à impots.gouv.fr à l'aide de vos identifiants fiscaux.

La sécu

Comme pour les impôts, si vous cessez de vivre et travailler en France pour partir à l'étranger, vous devez fermer votre compte de Sécurité sociale. Mais comme pour les impôts également, mieux vaut ne pas le faire si vous savez déjà que vous reviendrez dans relativement peu de temps (moins d'un an), car les démarches pour rouvrir un compte sont longues et compliquées, même si elles tendent à être facilitées par de nouvelles mesures de l'État concernant le retour des expatriés.

Si vous partez dans l'Union européenne, n'oubliez pas de commander au moins quinze jours avant votre départ votre carte européenne d'assurance maladie sur le site Ameli.fr.

Téléphonie mobile

Pour envoyer des SMS et passer des appels depuis l'étranger, il faut généralement contacter son opérateur afin d'activer une option internationale, même si cela se fait de plus en plus souvent automatiquement. Cependant attention, cela peut coûter cher. Si vous restez plus d'un mois dans un pays étranger, cela vaut le coup de prendre une carte SIM sans abonnement locale (vendue en général dans les hypermarchés ou les grands magasins d'électronique). Si vous partez moins d'un mois mais comptez passer des appels, prenez le pack que vous propose votre opérateur. Quand vous arriverez dans le pays, vous recevrez un SMS de type « Vous pouvez bénéficier d'un pack 100 SMS 1 heure d'appel et 500 Mo de data 3G pour X euros, appelez le [...] pour activer le pack ». Cela vous permettra d'utiliser votre téléphone sans avoir une facture trop salée.

Autres

Parmi les autres démarches à effectuer avant le jour J, pensez à :

- faire une demande de permis de conduire international auprès de votre préfecture ou sous-préfecture ;
- faire une demande de carte ISIC si vous êtes étudiant, elle vous donnera droit à de nombreuses réductions ;
- demander à un proche de relever régulièrement votre courrier ou le faire suivre chez quelqu'un (des packs pour faire cette démarche sont proposés par La Poste) ;
- dématérialiser vos factures pour pouvoir les payer en ligne ;
- résilier les contrats et abonnements dont vous n'avez plus besoin ;
- prévenir la Caf et Pôle emploi de votre départ si vous partez définitivement.

— EN RÉSUMÉ —

MES CONSEILS

➡ N'attendez pas le dernier moment pour effectuer toutes ces démarches, même si elles sont désagréables, car cela vous causerait du stress supplémentaire. Essayez d'avoir fait un maximum de ces tâches un mois avant votre départ afin d'avoir l'esprit libre pour les dernières semaines de préparation.

➡ Une fois parti, répartissez votre argent liquide et vos cartes bancaires à plusieurs endroits, sur vous et dans vos bagages.

➡ En dehors de votre passeport et votre éventuel visa, gardez toujours vos documents importants avec vous : attestation d'assurance, documents bancaires attestant de vos fonds, carte européenne d'assurance maladie, permis de conduire international, etc. Doublez-les d'une version dématérialisée, accessible *via* votre smartphone.

CHICAGO MAI 2017 CHICAGO

Destination

TÉMOIGNAGE

Camille

À 21 ans, Camille est partie en échange universitaire aux États-Unis. Elle a fait toutes ses démarches consciencieusement et emmené tous les documents nécessaires au passage de la douane dans son sac cabine.

« Après une vingtaine d'heures de transport, j'arrive à la douane de Chicago et on me demande un document spécifique. Avec mon anglais médiocre, j'ai du mal à comprendre lequel c'est ; je leur donne donc l'ensemble de ma pochette, mais ce papier n'y figure pas. On m'emmène dans un bureau et ils appellent mon université, un vendredi soir à 22 heures. Heureusement, ils réussissent à joindre quelqu'un, qui finit par prouver aux services de douane que je n'essaie pas d'entrer illégalement dans le pays.

J'ai pu entrer sur le territoire et j'ai passé un sale quart d'heure à courir après mes valises car elles avaient été mises de côté, puis j'ai réussi à attraper le dernier bus de nuit pour me rendre dans mon université. Dans les jours qui ont suivi, j'ai eu un rendez-vous avec le service de l'immigration de l'université, qui s'est chargé de me refaire faire ce papier. Quelques jours plus tard, je me suis rendu compte que ce document, je l'avais bien : il était tranquillement rangé dans ma valise… »

10

PARTIR POUR FUIR

Les questions
à se poser

•10•

PARTIR POUR FUIR ?

CETTE INTERROGATION INTERVIENT PEUT-ÊTRE TARD DANS VOTRE PROCESSUS DE PRÉPARATION, MAIS CE N'EST PAS PLUS MAL D'AVOIR UN PEU DE RECUL POUR SE POSER LA QUESTION. POURQUOI PARTEZ-VOUS ? FUYEZ-VOUS QUELQUE CHOSE OU AVEZ-VOUS JUSTE ENVIE DE COMBLER DES ENVIES D'AILLEURS ?

Peut-être avez-vous répondu par la deuxième possibilité alors qu'en réalité, vous fuyez quelque chose. À dire vrai, je pense qu'on part forcément pour fuir quelque chose, souvent plusieurs choses, même minimes : un travail, un patron, un domaine, un secteur, un ami, des membres de la famille, un conjoint, un ex, une ville, une routine, le quotidien, des souvenirs, des peurs, des problèmes, soi-même... La liste peut être longue, prenez le temps d'y réfléchir.

Ce n'est pas forcément négatif de partir pour fuir ; parfois c'est nécessaire et l'on peut partir pour mieux revenir, mieux se connaître. Ou partir pour découvrir un endroit et y rester. Dans tous les cas, cette fuite est nécessaire, sinon vous ne partiriez pas. Il n'y a pas de honte à avoir ! En partant, vous réglerez peut-être certains de vos soucis, ou vous prendrez en tout cas du recul.

La fuite est donc selon moi l'une des raisons principales d'un départ, mais il y a forcément également la curiosité, l'envie et le besoin d'exotisme. Le monde est vaste, pourquoi se contenter du petit bout de Terre que nous connaissons par cœur (même si ce petit bout de Terre peut être le meilleur endroit du monde pour nous – et il n'y a pas de mal à ça) ? Les voyages peuvent beaucoup apporter et souvent, on en revient vraiment changé, on a l'impression d'avoir pris conscience de certaines choses, sur le monde et sur soi-même. Combien de voyageurs reviennent dans leur pays en ayant envie d'effectuer des changements radicaux dans leur vie : alimentation, hygiène de vie, métier, entourage, minimalisme, changements physiques, etc. ? On découvre un monde qui nous dépasse et nous apprend beaucoup de choses.

Pendant mon premier *road trip*, je me suis aperçu que je notais presque tous les jours des idées, des inspirations dans mon téléphone. Ça pouvait être une recette à tester, un objet à bricoler, etc. Je suis revenue avec énormément d'idées et j'ai mis des mois à les mettre en place progressivement. Un beau moyen de prolonger son voyage ! Votre expédition, qu'elle soit courte ou longue, vous changera forcément un peu, vous vous sentirez riche d'une nouveauté intérieure, de souvenirs, de connaissances, de couleurs que vous partagerez à vie avec vos compagnons de voyage.

Réfléchissez aux raisons de votre départ, mais aussi à ce qu'il peut vous apporter et ce qui pourrait changer pour vous à votre retour, si vous choisissez de revenir. Préparer son départ est important mais préparer son retour l'est tout autant ; nous verrons ça au chapitre 19.

— EN RÉSUMÉ —

MES CONSEILS

➡ Prenez le temps de réfléchir à ce qui, dans votre quotidien, vous pousse à partir. Est-ce une fuite saine, ou bien est-ce à cause de soucis importants que vous retrouverez à votre retour, ou qui vous suivront peut-être même ?

➡ Si vous le pouvez, mettez les choses à plat et en ordre avant votre départ, afin de revenir serein et de pouvoir partir sur de nouvelles bases à votre retour.

TÉMOIGNAGES

Camille

Après deux ans à Paris, Camille a décidé de fuir la grisaille, ses proches, son travail et globalement sa vie d'adulte à responsabilités pour partir quatre mois en Grèce.
« Je voulais vraiment faire quelque chose uniquement pour moi, tout en sortant de ma zone de confort. J'ai d'abord visité les sites antiques du Péloponnèse pendant deux semaines, puis j'ai fait du bénévolat pendant un mois dans une association de protection des tortues marines. Ensuite, une amie est venue me rejoindre pendant trois semaines et demie, on a continué de visiter le pays et quand elle est partie, je me suis décidée à aller à Istanbul, contre l'avis de mes proches. Je me suis vraiment concentrée sur moi, le soleil, les balades, les lectures, ça m'a fait un bien fou ! En rentrant je savais que je retournerais à une vie normale, mais je ne voulais pas revenir à Paris ; je me suis donc installée dans une autre ville. »
Cette fuite a donc aidé Camille à s'éloigner de son quotidien pour se donner la possibilité de changer de cadre de vie.

Lucie

Lucie, du blog **Voyages et vagabondages** (voyagesetvagabondages.com), est une grande voyageuse, mais elle a fini par se rendre compte que sa soif de découverte cachait quelque chose...
« Je suis partie voyager pour assouvir ma curiosité, en quête de liberté et de moi-même. Ce que je ne savais pas, c'est que pendant toutes ces années, je fuyais quelqu'un. Et ce quelqu'un, c'était moi. J'ai étudié en Suède, j'ai fait un stage au Canada, je me suis expatriée à Londres, j'ai fait un tour du monde, puis un PVT en Argentine et un autre au Japon. Je suis devenue nomade digitale et j'ai parcouru la planète en long, en large et en travers, dans une recherche existentielle effrénée et insatiable, pendant plus de dix ans.
Il paraît que l'on s'emmène avec soi en voyage et ce n'est que trop vrai. Et si l'on emmène en plus sa fuite du soi, comme une ombre un peu trop collante, l'on n'en ressort pas indemne.
Je me souviens de ce vieux prêtre bolivien, un passager voisin dans un vol interne en Bolivie, qui m'avait demandé, en toute simplicité, après avoir pris connaissance de mon parcours de vie, ce que je fuyais... Il n'était pas le premier, il ne serait pas le dernier à recevoir une réponse courtoise, mais tranchante. Il avait touché juste, au plus profond de mon être, et je ne le savais pas. Je le mettais une fois de plus sur le compte des gens trop fermés d'esprit, emprisonnés dans

la cage dorée de leur routine. Mais c'était mon *ego* qui m'emprisonnait dans les faux-semblants et le masque d'une liberté et d'un bonheur infinis.
C'est finalement dans la sédentarité choisie et temporaire, dans le calme de mes randonnées et de mes méditations, dans l'immobilité et le vide perçus que je me suis retrouvée, que j'ai fait face à celle que j'étais vraiment et à cette ombre qui me collait à la peau. Mon voyage au long cours a été le catalyseur, a ouvert les brèches par lesquelles j'ai pu apercevoir la lumière et ma vérité. Aujourd'hui, je sais que ce voyage au long cours de plusieurs années a été ma plus belle fuite, mais aussi la porte ouverte vers moi-même. Et ça, c'est le plus beau des voyages. »

11

ET UN TOUR DU MONDE ?

Les questions à se poser

•11•

ET UN TOUR DU MONDE ?

Vous avez peut-être en tête de faire un tour du monde, le fantasme ultime de bon nombre de voyageurs. Vous vous voyez déjà, sac de rando sur le dos, parcourir ici la Chine, là l'Inde ou le Pérou, le tout pendant douze mois, voire dix-huit, vingt-quatre ou plus, soyons fous !

Ce type de voyage semblait inabordable il y a encore quelques années et pourtant, désormais de plus en plus de personnes envoient tout valser pour partir à la conquête du monde. Bien sûr, grâce à la baisse du prix des vols et au développement d'Internet aux quatre coins de la planète, le tour du monde est devenu plus accessible.

Dans ce chapitre, nous allons réaborder les différents points essentiels de cet ouvrage, mais en les appliquant spécifiquement au tour du monde.

Pourquoi un tour du monde ?

Quelles sont vos motivations ? Souhaitez-vous voir le plus grand nombre de pays possible ? Avez-vous envie d'une année sabbatique et le tour du monde vous paraît un bon prétexte ? Est-ce votre rêve d'enfant ? Il n'y a pas de motivations plus valables qu'une autre, de critères absolus pour avoir le droit de partir et de faire partie des « tour-du-mondistes ». C'est votre voyage, partez parce que vous le voulez et pour les raisons qui vous sont propres. Un seul conseil : ça peut être un très long voyage, prenez le temps de vous préparer psychologiquement à ce changement de vie radical, lisez les récits d'autres voyageurs, notez ce qui vous fait envie, ne vous précipitez pas.

Que planifier ?

Impossible de planifier un an de voyage, ou alors vous y passerez un temps monstre et y laisserez certainement quelques plumes. Le plus vraisemblable est que vous allez, au cours de vos recherches et de vos lectures, cibler les pays et les zones géographiques qui vous attirent, établir un itinéraire approximatif mais logique, planifier les premiers jours ou les premières semaines, puis vous laisser porter au gré du vent.

Contrairement aux voyages plus courts, vous ne resterez probablement pas seulement quelques jours au même endroit. Vous allez sans doute passer plusieurs semaines, voire plusieurs mois dans une même zone. Dans ce cas, il est moins stressant de réserver vos hébergements et trajets à mesure de vos déplacements.

Mon conseil est donc d'assurer vos arrières pour le début de votre voyage et de vous laisser voguer pour le reste ! Pour l'avion, il existe des billets « tour du monde » proposés par des groupements de compagnies aériennes comme Star Alliance ou Skyteam, avec un nombre de destinations défini. C'est en général une façon économique et pratique de voyager d'un continent à un autre ; le billet est à utiliser en un an.

Le budget

Contrairement aux idées reçues, un tour du monde n'est pas forcément extrêmement coûteux. Si l'on ne passe pas par des pays chers (États-Unis, Canada, Australie, Nouvelle-Zélande et Japon notamment) et si l'on part pour un an, on compte en général un budget de dix mille euros par personne, soit un peu plus de huit cents euros par mois. Il y a des chances que vous dépensiez plus que ça pour vos dépenses courantes mensuelles en France, non ?

Le plus difficile est, premièrement, d'économiser ces dix mille euros (voire plus, c'est toujours mieux de partir avec de la marge). Deuxièmement, d'intégrer que vous n'aurez pas de sources de revenu pendant au moins un an, mais que vous pourriez être redevable de certains frais inhérents à votre « vie d'avant », comme la taxe d'habitation ; vous devrez donc gérer votre budget et vivre sur vos économies. Troisièmement, de pouvoir revenir en France avec des ressources (un membre de la famille qui vous accueillera au début, un matelas d'économies en plus pour pouvoir vivre sans travailler les premiers mois, des pistes de travail, voire carrément un travail qui vous attend).

Le retour

Certaines personnes pensaient partir un an et sont toujours sur les routes au bout de cinq ou dix ans, souvent en *slow travel* (un voyage lent, où l'on prend son temps, en restant des mois voire des années dans un même pays, en utilisant des moyens de transport lents et en bannissant l'avion). Mais il est plus probable que vous rentriez un jour, plus ou moins au bout d'un an de voyage. Ce retour, il faut le gérer. Certes, vous retrouverez vos proches avec plaisir, mais le choc du retour à la vie « normale » peut être très rude. C'est encore plus vrai quand le voyage a été très long et que vous avez été immergé dans de multiples cultures différentes de la vôtre. Mais comme la difficulté du retour est un facteur commun à tous les types de voyages, je vous donne rendez-vous au chapitre 19 pour trouver tous les conseils nécessaires pour le vivre au mieux.

— EN RÉSUMÉ —

MES CONSEILS

➡ Même si votre itinéraire changera certainement quand vous y serez, commencez par dresser une liste grossière des pays que vous souhaitez visiter et du temps que vous voulez passer dans chacun d'eux.

➡ Budgétez avec précision votre projet, en vous laissant la plus grande marge possible, ne serait-ce que pour pouvoir rentrer l'esprit tranquille au plan financier !

TÉMOIGNAGES

Emmanuel

Après plusieurs voyages de quelques semaines, Emmanuel a décidé de faire le grand saut et de préparer un tour du monde d'un an.

« À chaque retour de voyage, je trouvais ça trop court, je n'avais pas envie de rentrer et de reprendre ma routine. J'ai donc décidé, après avoir économisé, de quitter mon travail, rendre mon appartement et prendre un avion pour la Thaïlande. Je suis resté plusieurs mois en Asie, avant de me concentrer sur l'Amérique du Sud. J'ai volontairement privilégié ces deux continents, au risque que mon tour du monde n'en soit pas vraiment un. J'avais envie de rester longtemps dans chaque pays plutôt que d'en avaler le plus possible pour faire le tour du globe en un an. Depuis je suis rentré, mais je n'exclus pas de recommencer dans quelques années pour explorer en profondeur d'autres endroits de la Terre ! »

Lea

Léa tient avec sa sœur le blog **Sparks and Bloom** (www.sparksandbloom.com), sur lequel elle raconte notamment le tour du monde d'un an qu'elle a réalisé avec son compagnon et ses deux jeunes enfants de 2 et 3 ans.

« Nous avons décidé de nous lancer dans ce projet fou de faire un tour du monde en famille car c'était tout simplement notre rêve. Nous voulions aussi nous accorder une pause "de la vraie vie" pour nous connecter davantage au moment présent et pouvoir savourer notre petite famille chaque jour.

Comme j'aime le dire, nous avons vu ça comme si nous nous prenions une année de retraite avant la retraite. Avant d'avoir trop mal aux genoux et de ne plus être capables de réaliser ce rêve. Avant de ne plus avoir l'énergie pour grimper les montagnes et visiter les villes. Et en plus, avec nos enfants.

Le bon *timing* pour vivre cette belle aventure s'est décidé justement quand nous avons eu nos enfants et que nous avons profondément ressenti le besoin de ralentir, avec eux.

Pendant près de deux ans, nous nous sommes préparés pour cette fameuse aventure en famille autour du monde : économiser, préparer l'itinéraire, faire les vaccins, louer la maison, etc.

Cette aventure tant rêvée a été la plus belle, la plus intense, la plus déstabilisante et la plus enrichissante que nous avons vécue de toute notre vie ! »

12

GÉRER LE BOULOT

Les questions à se poser

•12•

GÉRER LE BOULOT

Partir signifie abandonner, au moins temporairement, tout ce qui compose votre vie quotidienne. Si vous travaillez, votre job remplit vos journées et constitue de loin votre principale occupation de la semaine. En partant, vous allez radicalement changer votre quotidien, mais pour cela, il vous faut quitter votre emploi ! Dans certains cas (si vous êtes dans la même entreprise depuis de nombreuses années), vous pourrez prendre un congé sabbatique et retrouver votre poste à votre retour. Mais la plupart du temps, il faut définitivement lui dire *bye-bye*.

Si votre travail ne vous plaît pas, ce sera un moment jouissif de présenter votre démission en annonçant que vous partez voyager / faire le tour du monde / vous installer à l'étranger ! Si vous l'aimez, votre départ de l'entreprise sera un moment émouvant, mais pas d'inquiétude, vous oublierez bien vite votre vie de bureau une fois en *road trip*.

La véritable question que nous allons aborder dans ce chapitre, c'est quand et comment annoncer son départ et quitter son travail ? Il n'y a à vrai dire pas de formule miracle. Pour notre dernier voyage en date, j'ai choisi de terminer mon contrat un mois avant notre départ, pour avoir le temps de me reposer, de profiter de l'été, de voir mes proches et d'organiser notre séjour. Mon mari, au contraire, l'a terminé à peine quelques jours avant le jour J, pour mettre plus d'argent de côté !

Une fois que vous avez décidé si vous voulez faire partie de la *team* « dernier moment et plus d'argent » ou « un peu avant et plus de temps », il faut vous pencher sur votre contrat de travail et votre convention collective pour trouver le délai légal de votre préavis. Ensuite, calculez le meilleur moment pour annoncer à votre supérieur que vous mettez fin à votre contrat, pour pouvoir terminer votre travail au moment qui vous arrange le mieux.

Si vous êtes en CDI, il vous faudra remettre une lettre de démission à votre supérieur hiérarchique (voir l'annexe 3 à la fin du livre). Vous pouvez tenter, à la place, de demander une rupture conventionnelle de contrat, mais les employeurs acceptent rarement (grâce à ce type de rupture, vous touchez des indemnités de départ et êtes éligible à l'allocation d'aide au retour à l'emploi). Attention, si vous partez à l'étranger peu de temps après avoir quitté votre emploi, vous ne pourrez pas toucher d'aides de Pôle emploi, ne comptez donc pas dessus. Vous pouvez cependant geler vos droits jusqu'à votre retour et toucher une aide à ce moment-là, si vous y êtes éligible.

Si vous êtes en CDD, attention, vous n'avez pas le droit de rompre votre contrat (une fois la période d'essai passée, s'il y en a une), sauf cas de force majeure (partir voyager ou s'expatrier n'en est évidemment pas un). Calculez donc bien la date de votre départ en fonction de la fin de votre contrat et refusez d'éventuelles propositions de prolongation.

Pour clore le chapitre travail, il y a un autre point à aborder : comment gérer la pression psychologique et sociale ? Vous savez, les phrases du type : « Tu as la chance d'avoir un CDI, tu ne dois pas quitter ton travail », « Moi à ta place, je serais content d'avoir un travail stable » ? Ça peut être assez lourd à gérer. Ne vous laissez pas culpabiliser par les personnes qui vous disent cela ; c'est votre vie, pas la leur ; c'est vous qui, dans vingt ou quarante ans, aurez des regrets de ne pas être parti quand vous en aviez envie, pas elles ! Bref, vivez votre vie comme vous l'entendez, sans prêter attention aux remarques des autres, qui ne sont là que pour vous destabiliser et vous faire douter.

— EN RÉSUMÉ —

MES CONSEILS

➡ En premier lieu, décidez combien de temps vous voulez avoir entre la fin de votre contrat et votre départ.

➡ Ensuite, renseignez-vous sur votre délai de préavis et remettez votre lettre de démission en fonction. Vous pouvez soit l'envoyer en recommandé avec accusé de réception, soit en faire signer un exemplaire par votre supérieur, avec la mention « Reçu le [date] ».

➡ Enfin, ne prêtez pas attention aux injonctions de la société ni à vos proches qui essaieront peut-être de vous faire culpabiliser de quitter votre travail.

On the road

TÉMOIGNAGES

Romaric

Romaric a décidé, à 35 ans, de quitter le poste en CDI qu'il occupait depuis plusieurs années pour voyager.

« J'avais la possibilité, dans mon entreprise, avec mon ancienneté, de prendre un congé non rémunéré de six mois, mais j'ai préféré m'affranchir complètement de tout lien avec mon travail. Je pense qu'en ayant une date de retour en entreprise, je n'aurais pas autant profité de mes voyages, je me serais senti enfermé et bridé d'une certaine manière. J'ai voyagé plus d'un an avant de revenir chercher un autre poste en France. J'avais peur que cette année de vide sur mon CV me porte préjudice, mais au contraire, en mettant en valeur tout ce que j'avais vu, fait et découvert pendant cette année, j'ai eu l'impression que ça a ajouté un bonus à mon profil. Les entreprises sont de moins en moins frileuses lorsqu'il s'agit d'embaucher des candidats comme moi, car finalement, prendre une grande pause pour voyager devient assez courant. »

Paul-Antoine

Après huit ans dans son entreprise, mon frère Paul-Antoine a décidé de quitter son travail pour plusieurs mois afin de prendre part à une expédition maritime et cinématographique autour du continent sud-américain baptisée **Le Bato à film** (lebatoafilm.org).

« J'ai pris la décision de voyager au début de l'année 2017, pour un voyage prévu aux mois de mars et d'avril 2018. Il n'était pas possible de décaler ces dates, en raison de l'organisation de l'association ; il fallait les accepter ou renoncer à partir. Après réflexion, j'ai décidé d'allonger la durée de ce voyage pour visiter quelques pays en plus ; je suis finalement parti de mi-février à fin mai 2018.

Je n'ai pas pu prendre de congé sabbatique car il fallait s'absenter au moins six mois pour y prétendre ; je devais donc poser des congés. Pour maximiser mes chances d'obtenir l'accord de mon entreprise pour une si longue absence, je l'ai prévenue dix mois à l'avance, en avril 2017. Cela a largement laissé le temps à mon département de s'organiser pour gérer mon absence et il leur aurait été difficile de trouver une excuse pour refuser ma demande. Cela dit, ma hiérarchie est bienveillante et je n'avais pas vraiment de craintes.

J'ai donc posé tous les congés payés dont je disposais sur la période 2017-2018, mais également ceux que j'avais déjà gagné pour la période 2018-2019, c'est-à-dire vingt-trois jours ; j'y ai ajouté deux RTT, un jour d'ancienneté et quarante-deux jours sans solde.

Mon absence a eu un impact sur les projets qui m'étaient attribués. Pendant mes dix mois de préavis, j'ai dû faire le deuil de nouveaux projets ayant besoin d'une équipe engagée dans la durée ou d'un avancement à un rôle pivot ; j'ai plutôt été placé en renfort ou sur des petits projets courts et d'un intérêt limité.

Par contre à mon retour, j'ai eu le changement de poste que j'avais demandé plusieurs mois avant mon départ et j'ai été mis sur un gros projet démarré peu de temps avant, sur lequel je suis toujours aujourd'hui. On ne m'en a pas voulu d'être parti !

Au niveau de mes congés, j'ai eu l'audace d'à nouveau tout solder quatre mois après mon retour pour partir deux semaines au Cambodge en octobre 2018, mais depuis, cela fait plus d'un an que je n'ai pas posé de vacances. Je commence tout juste à revenir à un niveau normal de stock de congés. »

13

GÉRER SES PROCHES

Les questions à se poser

•13•

GÉRER SES PROCHES

Après le travail, l'autre obstacle à un départ (qui vient d'ailleurs peut-être en premier pour vous), ce sont les proches. Les parents sont souvent réticents à voir leurs enfants s'éloigner, quand ils ne s'inquiètent pas pour leur retraite ou leur stabilité financière. Il faut pouvoir les rassurer, leur donner des nouvelles régulièrement, ne pas donner l'impression de les abandonner ou que l'on va se mettre en danger.

Heureusement, de nos jours, c'est très simple de rester en contact *via* Internet. Mes beaux-parents s'y sont mis pour garder un lien régulier avec nous lors de notre départ au Canada. Ils se sont même inscrits sur Facebook et Instagram pour ne pas perdre une miette de notre voyage.

Le meilleur outil pour garder un lien avec vos proches est Skype ; c'est gratuit, facilement installable et utilisable, et vous pouvez voir vos interlocuteurs sans bouger de votre canapé. Quand nous vivions au Canada, je skypais souvent mes parents, alors que je ne les appelle presque jamais en France. Autant vous dire qu'il n'est vraiment pas difficile de garder des liens intacts quand on le veut vraiment. Nous avons même skypé à Noël pour passer une partie du réveillon « avec » ma famille et ma belle-famille !

Il existe un moyen de donner des nouvelles de façon plus générale, sans avoir à Skyper untel ou envoyer un mail à tel autre : c'est de créer un blog. Vous y racontez vos aventures, y postez vos photos et vidéos, et tous vos proches peuvent s'y connecter s'ils le veulent. C'est exactement pour cette raison que nous avons lancé le nôtre avant notre premier grand voyage. Un blog a également l'avantage indéniable de servir de carnet de voyage. Vos souvenirs sont gravés encore frais dans votre blog. Quand je relis mes vieux articles, je me rends compte d'à quel point j'ai déjà oublié certaines anecdotes qui me sont pourtant chères. Je suis rassurée d'avoir toute cette mémoire stockée dans mon blog et de pouvoir m'y reporter chaque fois que je suis nostalgique.

Le seul inconvénient du blog, c'est que c'est un outil qui demande du temps, de la patience et de la régularité. La plupart des gens ne tiennent pas la cadence et abandonnent leur blog au bout de deux mois. À vous de voir si vous avez envie de vous battre pour faire vivre le vôtre et d'aller jusqu'au bout de votre récit de voyage.

Petit conseil si vous avez envie de tenir un blog pour ne rien oublier de vos périples : en voyage, on n'a pas toujours le temps de consacrer de longues heures à la rédaction d'articles, donc je note chaque soir ou plusieurs fois par semaine dans mon téléphone quelques mots-clés pour résumer chaque journée. Par exemple : « Route 66, Flagstaff, restaurant théière bleue, serpents, tempête de sable » ; ça suffit pour me permettre de tout me remémorer et de raconter la journée avec exactitude. Sinon, on oublie vite et on ne sait plus du tout ce qui s'est passé telle semaine ou à tel endroit. Je rédige ensuite les articles quand j'ai le temps, parfois jusqu'à un an après, mais grâce à ces mots-clés, tout revient très vite !

— EN RÉSUMÉ —

MES CONSEILS

➡ Trouvez le bon moment pour annoncer votre départ à vos proches : ni trop tôt, pour ne pas les inquiéter inutilement, ni trop tard, pour ne pas les prendre de court et leur laisser le temps de se faire à la nouvelle.

➡ Initiez-les à Skype et aux réseaux sociaux, s'ils n'y sont pas déjà, pour qu'ils puissent suivre votre périple et vous contacter facilement.

➡ Lancez un blog si vous vous sentez capable de le tenir pendant tout votre voyage et peut-être au-delà ; c'est un travail exigeant, mais une vraie richesse pour vous rappeler vos aventures plus tard !

DEPART
12.07

Andalousie

TÉMOIGNAGES

Mathilde

Mathilde, lors d'un voyage d'une semaine avec une amie en Andalousie, s'est heurtée à la réaction de ses proches qui ne comprenaient pas qu'elle parte sans son mari.

« Je viens d'une famille bourgeoise où un homme peut partir sans sa femme, elle l'attend à la maison, mais l'inverse est inimaginable. Il s'agissait pourtant d'un tout petit séjour, mais il a fallu que j'ignore leur réaction pour ne pas gâcher mes vacances. Cela me refroidit tout de même pour partir seule à l'avenir comme je souhaitais le faire. »

Antoine

Antoine, lui, a des parents qui s'inquiètent pour sa sécurité dès qu'il part ; il a pris l'habitude de les rassurer avec une routine bien rodée.

« Avant chaque voyage, je leur note les différentes adresses et numéros de téléphone des lieux où je vais loger, à quelles dates, les numéros de mes vols, voire même le contact de l'ambassade française locale. Je leur raconte ce que je vais faire, je les rassure sur la sécurité du pays. Une fois parti, j'envoie des mails de temps en temps et on se skype une fois par semaine. Quand je sais que je vais dans un endroit où je n'aurai peut-être pas de réseau ni d'Internet, je les préviens. Ça peut sembler contraignant pour certains, mais c'est le prix de la tranquillité d'esprit. »

14

QUAND ON EST PARENT

Les questions
à se poser

14

QUAND ON EST PARENT

Vous avez une progéniture en bas âge et vous vous dites : « C'est loupé pour moi, j'aurais dû partir avant d'avoir des enfants, maintenant j'attends la retraite. » Que nenni ! Partir avec des enfants demande certes plus d'organisation et quelques compromis, mais ce n'est pas impossible. Je suis moi-même maman d'une petite fille, avec qui nous avons commencé à voyager un peu, et les exemples de parents qui bourlinguent en camping-car avec leurs enfants ne manquent pas.

Si vos enfants ont moins de 3 ans

Je pense qu'il est envisageable de voyager au long cours (je ne parle pas de deux semaines de vacances chez papi) à partir des 6 mois de l'enfant, le temps de vous habituer les uns aux autres, de vous remettre de l'accouchement, de commencer à avoir un rythme et une routine (cela peut être avant si vous êtes un *warrior* ou plus tard, selon le caractère et les besoins de l'enfant). De plus, jusqu'à 3 ans, votre enfant n'est pas scolarisé et jusqu'à 2 ans, il bénéficie de billets d'avion gratuits ou presque ! Aucune excuse donc pour ne pas partir avec vos bambins.

Premier conseil pour partir avec votre jeune progéniture : organisez-vous suffisamment longtemps à l'avance. Impossible désormais de partir sur un coup de tête ; vous devez trouver une destination *baby friendly*, laisser tomber les longues randos à flanc de montagne, prévoir des endroits où vous poser régulièrement pour nourrir et changer bébé, trouver des hôtels qui prêtent des lits parapluie voire même des chaises hautes, troquer la poussette contre une écharpe de portage, etc. Il ne faut pas forcément voir cela comme des contraintes, mais comme de nouvelles habitudes à intégrer.

Pensez aussi à vous : tout cela risque de vous fatiguer bien davantage ; ne vous imposez pas un rythme de visites trop lourd, permettez-vous des jours *off* remplis de siestes autant que possible.

La fatigue peut justement être un frein quand on a un enfant qui se réveille beaucoup la nuit. Mais avec une enfant qui a très mal dormi sa première année, nous nous sommes dit que quitte à se réveiller et à être crevés, autant que ce soit dans un cadre agréable, les pieds dans l'eau, avec un super petit déjeuner d'hôtel le matin !

Pour ce qui est des affaires à emporter, cela dépend de vos habitudes et du pays où vous allez. Quand nous sommes allés en Crète avec notre fille de 10 mois, nous avons emporté une écharpe de portage et un nombre de couches suffisant parce que nous logions hors d'une ville et sans voiture ; les biberons n'étaient pas nécessaires parce que je l'allaitais, elle dormait entre nous dans notre lit et pour la nourriture solide, nous avons toujours trouvé quelque chose qui convienne au buffet de l'hôtel.

Pour notre voyage au Canada quand elle avait 2 ans, nous avons emmené un porte-bambin et n'avons pris que le nombre de couches jetables nécessaire pour les premiers jours, car nous savions que nous en trouverions facilement sur place et qui plus est, des modèles écologiques similaires à ceux que nous achetons en France. En revanche, comme elle a besoin de lait végétal en poudre à cause de son intolérance aux protéines de lait animal, nous avons emmené de quoi tenir pendant nos trois semaines de voyage.

Si vos enfants sont plus âgés

Il y a peut-être un peu moins d'affaires à emporter (quoique les jouets et les vélos ont remplacé les couches et les biberons), mais une nouvelle contrainte s'ajoute dans votre quotidien de voyageur : faire cours à vos enfants ! Vous ne pouvez en effet pas voyager plusieurs mois avec eux sans leur faire l'école, ou du moins sans les instruire. Le voyage sera très enrichissant et c'est une occasion toute particulière pour vos enfants d'intégrer ses étapes aux cours fournis par l'Éducation nationale ou le CNED, une chance de joindre la pratique à la théorie, que ce soit en admirant des paysages ou des animaux, en étudiant la géographie et l'histoire du pays, en apprenant une nouvelle langue, etc. Prévoyez un rythme de cours régulier, par exemple école « à la maison » tous les matins, puis visites et loisirs l'après-midi.

Vos enfants vont vivre un voyage unique qui les marquera sans doute à vie. Et vivre votre périple à travers les yeux de vos chères têtes blondes vous fera certainement encore plus savourer cette aventure !

Les obstacles et les peurs

Il peut être difficile de transformer une envie de voyage en un voyage effectif, encore plus quand on emmène ses enfants dans ce projet. Posez à plat tout ce qui vous fait peur et essayez d'y répondre avec logique.

Votre fils de 7 mois va devoir faire huit heures d'avion pour la première fois ? Renseignez-vous sur les voyages en avion avec un bébé sur Internet, auprès de vos proches, mais également de votre médecin si cela peut vous rassurer. Du biberon ou du sein pendant le décollage aux jeux à prendre pour l'occuper ou au bassinet à demander à la compagnie aérienne, vous aurez ainsi tous les conseils en tête pour que ce baptême de l'air se déroule au mieux.

Pour occuper les plus petits pendant un vol ou un long trajet en voiture pensez aux coloriages, aux gommettes, aux Duplo, à l'Aquadoodle (un genre d'ardoise magique qui fonctionne au crayon à eau) ; pour les plus grands, ce sera plutôt dessins animés, jeux sur la tablette ou des histoires à écouter sur la Lunii ou sur une petite radio mp3. Et pour tous, ces chansons à écouter pour passer le temps, sans oublier évidemment les snacks, pains ou biscuits et compotes à boire !

Pensez aussi à partir avec une trousse à pharmacie complète : paracétamol, thermomètre, antivomitif, antidiarrhéique, antihistaminique, solutés de réhydratation, gel d'arnica, sérum physiologique, désinfectant, pansements, crème solaire, antimoustique et compagnie.

En cas de souci, vous pouvez consulter un médecin sur place, mais pour les petits bobos qui s'y prêtent, pensez aussi à l'option des plateformes de téléconsultation médicale comme Livi ou Qare. Lorsque ma fille a eu une éruption cutanée lors de notre séjour au Canada, j'ai consulté un médecin français *via* l'une de ces applications ; il n'a pas pu nous prescrire d'ordonnance valable dans les pharmacies canadiennes, mais nous avons eu un premier diagnostic rassurant et des conseils, notamment celui de consulter physiquement si cela persistait. Pensez aussi à emmener le carnet de santé de votre enfant au cas où !

Est-ce que vos enfants vont aimer ce voyage ? Est-ce que vous leur imposez quelque chose qu'ils ne veulent pas ? Soyons clairs : en tant que parent, vous leur imposez déjà tout un tas de choses – leur prénom, leurs vêtements, leur langue maternelle, leur lieu d'habitation –, vous ne pouvez pas faire autrement. Donc tentez l'aventure, il y a toutes les chances qu'ils adorent cette nouvelle vie et en gardent de très beaux souvenirs !

Ils ne vont pas voir leurs grands-parents et leurs cousins pendant six mois ou un an, est-ce une décision égoïste de votre part ? Comme je le disais plus haut, tant qu'ils sont encore petits et mineurs, vous devez faire des choix pour vos enfants, et vous faites ceux que vous pensez être les meilleurs pour eux et pour vous. Ils sont certainement en partie égoïstes, mais tous les choix le sont. L'éloignement est moins difficile de nos jours avec Internet et les avions *low cost*, il n'est pas question d'un départ sans retour, sans vacances et sans nouvelles. Ils verront moins leurs proches pendant quelque temps, mais ils vont être gagnants sur d'autres plans !

– EN RÉSUMÉ –

MES CONSEILS

➡ Prenez une grande inspiration, tout va bien se passer !

➡ Vos enfants n'ont pas besoin de grand-chose : être aimés, nourris, propres et avoir un endroit où dormir. Vous pouvez leur donner tout ça sans être chez vous, ils s'y adapteront sans doute mieux que vous !

➡ Pour le premier voyage de bébé, commencez peut-être par un week-end, histoire de voir comment il gère l'avion, le train, les longues balades et le sommeil en dehors de la maison.

➡ Renseignez-vous au maximum avant de partir sur les contraintes que vous pourrez rencontrer (eau non potable, pas de chaises hautes dans les restaurants, petits pots difficiles à trouver, etc.) et les solutions à envisager pour ne pas paniquer une fois sur place.

➡ Ne vous encombrez pas d'objets inutiles : une écharpe de portage remplacera avantageusement une poussette, un siège nomade en tissu pourra faire l'affaire pour asseoir bébé en toute sécurité. Il existe même des valises pour enfant qui font office de porteur ou de lit (comme la Trunki ou la BedBox) et des lits parapluie légers et compacts qui se montent en deux secondes comme certaines tentes (AeroMoov) ! Pensez aussi à la location de matériel de puériculture sur place.

TÉMOIGNAGES

Yelena & Isabelle

Le tout premier voyage en famille de Yelena, blogueuse sur **Voyageurs du dimanche** (voyageursdudimancheblog.wordpress.com), c'était au Québec, alors que sa fille n'avait que 2 mois et demi. « Nous sommes partis légers : porte-bébé, jouets et vêtements chauds. Le siège auto et les couches ont été pris sur place. Pouvoir passer trois semaines aux côtés de notre fille, entièrement à l'écoute de ses besoins, sans le poids du quotidien à gérer, a été une expérience libératrice. Il y a eu un avant et un après ce voyage !
Voyager avec un enfant nous a ouvert les portes du monde quotidien des habitants ; on se retrouve souvent à discuter avec d'autres parents dans des parcs. Découvrir le monde par ses yeux est vraiment chouette aussi, mais d'un autre côté nous devons aussi prendre en compte ses besoins de jeu et ses choix de visite, là où plus petite, nous prenions essentiellement en compte ses besoins physiologiques. »
Le meilleur conseil de Yelena pour des parents voyageurs est de lâcher prise : « Ce n'est pas grave si on doit rentrer faire la sieste car le petit est fatigué, s'il y a des moments moins faciles. Il ne faut pas se mettre la pression, le voyage n'en sera pas moins réussi. »

Isabelle, blogueuse sur **FromSide2Side** (www.fromside2side.com), a, elle, vécu plusieurs expatriations avec ses enfants. « Nous nous sommes expatriés dans deux pays différents : à Taïwan et aux États-Unis. À Taïwan, nos deux aînées étaient en bas âge. Le choc a été rude mais très rapidement, nos enfants se sont acclimatées à cette nouvelle vie. Après trois ans et demi d'expatriation, nous sommes rentrés en France, finalement nos filles avaient vécu plus longtemps en Asie que dans leur propre pays.
Arriver aux États-Unis a été différent, car nos enfants avaient grandi et nous avions alors deux préados, une enfant et un bébé de 2 ans. Les changements ont été plus difficiles pour les enfants car le déménagement s'est passé au cours de l'année scolaire, il leur a bien fallu six mois d'ajustement.
En 2011, nous avons redéménagé pour passer de la baie de San Francisco au Midwest, en plein centre des États-Unis. Nous étions et nous sommes toujours en pleine immersion culturelle ; plus d'école française ou européenne, les enfants sont dans le système américain. Huit ans après notre arrivée à Kansas City, nous nous sommes vraiment habitués à notre vie ici, mais les enfants n'ont qu'un objectif, c'est d'aller faire leur vie ailleurs. »

15

ET SI JE RESTE ?

Les questions à se poser

•15•

ET SI JE RESTE ?

Vous êtes presque au bout de la lecture de ce guide et de vos préparatifs, mais… impossible de continuer. Impossible de partir, vous ne vous en sentez pas capable. Quitter votre quotidien, vos proches, votre stabilité, c'est trop d'un coup. Je comprends tout à fait, tout quitter est un acte important qui aura des répercussions sur tous les domaines de votre vie. Il n'y a pas de honte à ne pas s'en sentir capable, que ce soit temporaire ou définitif.

Permettez-vous un temps d'introspection. Est-ce la peur des futurs mariés juste avant de convoler (c'est-à-dire un simple sursaut d'angoisse, le trac, le doute, qui ne vous fera finalement pas changer d'avis) ? Ou est-ce une peur profonde, tangible, cette boule dans la gorge qui vous fait voir la vérité en face : vous ne pouvez pas partir, vous ne voulez pas partir ? C'est tout à votre honneur d'avoir su être honnête avec vous-même et enrayer la machine avant de vous embarquer dans une aventure qui n'est pas la vôtre.

En annulant votre voyage, vous pourrez probablement vous en faire rembourser une partie, au moins les taxes d'aéroport, mais rarement la totalité. Rapprochez-vous de la compagnie aérienne auprès de qui vous avez réservé vos vols et des hôtels où vous deviez loger ; prenez aussi contact avec votre assureur si vous avez pris une assurance annulation. Bon à savoir : les cartes bancaires Visa Premier et Gold Mastercard couvrent les annulations de voyage en cas de problème de santé, de décès dans la famille, de sinistre important à votre domicile ou de licenciement.

Il y a aussi ceux qui partent mais qui rentrent tout de suite, au bout d'une semaine ou d'un mois. J'en connais quelques-uns, ce n'est pas si rare que cela. Il y a plein de raisons à cela, qu'on n'avait pas anticipées derrière le fantasme du grand départ : la solitude, le manque des proches, le sentiment d'être perdu dans une culture et une langue différentes, le fait de ne pas se faire d'amis, un climat qu'on ne supporte pas, un rythme trop dur à suivre, le manque de confort, le mal du pays, un voyage qu'on avait trop idéalisé. Dans certains cas il faut persévérer ; c'est normal d'être perdu et malheureux les premiers temps, surtout quand on part seul, surtout quand on s'expatrie. Parfois il faut insister et tout s'arrange très vite ; parfois, c'est juste que ce type d'aventure ne nous convient pas.

Quand nous nous sommes installés au Canada, j'ai eu un gros coup de blues la première semaine, quand mon mari était au travail et que moi, j'étais seule chez nous, alors que nos proches étaient déjà au lit, à huit mille kilomètres de là. Je me suis sentie très isolée, je me suis demandé si on n'avait pas fait une énorme erreur et si je ne devais pas rentrer. À la fin de cette semaine-là, j'ai passé un entretien et décroché *illico* un poste de journaliste dans un magazine local ; ça m'a mis le pied à l'étrier et mon quotidien a tout de suite eu davantage de sens à mes yeux, j'ai pu commencer à dresser le cadre de ma nouvelle vie. Nous nous sommes fait des copains rapidement et très vite, nous nous sommes sentis chez nous. Le sentiment d'erreur des premiers jours a finalement été très passager.

D'un autre côté, il y a également le « Et si je reste... là-bas ? ». Vous allez peut-être vous plaire dans votre pays de destination, décider d'y rester (avec le visa adéquat) et d'y faire votre vie, au moins pour quelques années. Dans ce cas de figure, vous aurez tout un tas de nouveaux obstacles à franchir (et plein de belles choses à vivre bien sûr !), mais surtout, vous vous épargnerez le fameux et douloureux retour.

— EN RÉSUMÉ — MES CONSEILS

➡ Si jamais vous faites marche arrière, ce n'est pas grave, bon nombre de personnes l'ont fait avant vous !

➡ Si vous êtes inquiet les jours précédant votre départ, prenez le temps de coucher vos peurs sur le papier, cela vous donnera le recul nécessaire pour savoir si elles sont fondées ou pas.

➡ Si vous rentrez de voyage plus tôt que prévu, dites-vous au moins que vous avez eu le courage de ne pas persévérer dans une voie qui ne vous convenait pas.

Nouvelle-Zélande

TÉMOIGNAGES

Myriam

Quand Myriam est partie en PVT en Nouvelle-Zélande, elle s'attendait à y rester une année complète, mais tout ne s'est pas passé comme prévu.
« J'ai rapidement trouvé un emploi dans ma branche en Nouvelle-Zélande et j'ai été charmée par la beauté des paysages. Mais je n'y aimais pas la vie en ville, je ne me sentais pas chez moi. Je n'ai pas réussi à nouer de vrais liens avec des Néo-Zélandais, c'était assez éloigné des attentes que j'avais. J'avais quitté un quotidien routinier pour en trouver un autre, mes proches en moins, ça ne me convenait pas. Après avoir passé de nombreuses nuits à y réfléchir, je suis rentrée en France au bout de deux mois. J'avais un peu honte et en même temps, ça m'a enlevé un poids immense. »

Mathilde

A contrario, Mathilde, blogueuse sur **Le Blog de Mathilde** (www.maathiildee.com) et expatriée à Boston depuis 2012, ne pensait pas rester aussi longtemps aux États-Unis.
« Quand j'ai rencontré mon mec, il était en thèse et je savais que pour son travail, il devrait partir à l'étranger. Je ne voulais pas quitter Paris, mes amis, mon boulot, mais petit à petit je me suis mise dans l'état d'esprit de partir. Pour partir avec lui, j'avais cependant une condition : pouvoir travailler dans le pays choisi, idéalement dans un pays anglophone.
Il a finalement eu une opportunité à Boston. Nous ne devions y rester que deux ans, mais l'excitation et l'enthousiasme de la vie à l'étranger ne nous ont pas quittés et nous avons prolongé notre expatriation. Pendant longtemps notre statut a été incertain ; je considérais ce séjour comme temporaire car nos visas pouvaient à tout moment ne pas être renouvelés.
Puis nous avons obtenu nos cartes vertes et je me suis rendu compte que ce n'était pas juste passager, une parenthèse pour le fun, mais que nous étions en train de vivre notre vraie vie ! Huit ans plus tard, nous sommes bien installés dans nos boulots, nous nous sentons bien à Boston, une ville à taille humaine au sein de la superbe Nouvelle-Angleterre, et nous ne prévoyons pas de rentrer en France. »

16

GÉRER L'IDÉALISATION ET LA DÉCEPTION

Les questions à se poser

16

GÉRER L'IDÉALISATION ET LA DÉCEPTION

NOUS VENONS D'ABORDER CE SUJET EN PARLANT DE CEUX QUI PRÉFÈRENT RENTRER À PEINE ARRIVÉS PLUTÔT QUE DE POURSUIVRE LEUR VOYAGE. CETTE AVENTURE, ON EN RÊVE PENDANT DES MOIS, DES ANNÉES AVANT QU'ELLE NE SE CONCRÉTISE ET POURTANT, TOUT SE DÉROULE RAREMENT COMME ON L'IMAGINAIT. DÉSILLUSION, DÉCEPTION, DIFFICULTÉS, DÉPRIME : TOUTES CES CHOSES EN « D », ON AIMERAIT MIEUX NE PAS LES VIVRE.

Un voyage peut se dérouler de milliers de façons différentes ; il faut savoir ne pas trop idéaliser et anticiper les difficultés. Loin de gâcher le projet, cela vous permettra de n'être qu'agréablement surpris, voire émerveillé.

La fatigue

« Allez, on se prévoit trois mois de *road trip*, avec une nouvelle étape tous les deux ou trois jours pour voir du pays. Ça va être génial, la détente, la découverte, on va être loin du métro-boulot-dodo et de la fatigue qui va avec ! » Certes, dans notre tête, voyage rime souvent avec farniente, grasse mat, bonne nuit de sommeil sous les étoiles, méditation et introspection. Mais c'est sans compter qu'un voyage… c'est fatigant ! Eh oui, ce n'est pas parce qu'on est en vadrouille qu'on ne doit pas s'accorder des pauses, du repos et des week-ends. C'est même essentiel, croyez-moi.

Lors de notre dernier long voyage, nous avions largement surchargé notre liste de choses à voir ; nous nous sommes retrouvés englués dans un circuit au rythme épuisant, avec une quasi-incapacité à se dégager des jours de repos car nous avions toujours des contraintes à respecter, comme une nuit d'hôtel à cinq heures de route de là réservée pour la soirée ou un avion à prendre dans telle ville le lendemain.

L'une des solutions à ce problème serait certainement de ne pas prévoir trop de choses et de limiter au minimum les réservations, un sujet que nous avons déjà évoqué précédemment. Mais un autre obstacle peut vous empêcher de prendre du temps pour vous reposer et celui-là est davantage psychologique. Quand on voyage pendant un long moment, on ressent une petite pression sociale : tout le monde vous traite de chanceux, vous dit que vous devez en profiter « au max » et considère que vous êtes en vacances, en train de vous la couler douce au soleil.

Si vous avez déjà voyagé, vous savez tout comme moi que c'est faux. Un voyage, c'est du travail en amont mais aussi pendant, de l'action à temps plein, un enchaînement de nuits courtes, c'est épuisant. En pensant à toutes ces petites voix, vous vous dites : « Non, je ne peux pas faire un jour *off*, je dois en profiter au maximum, je me reposerai dans six mois. » Peut-être que cela marche pour certains, mais avec mon compagnon, bouger sans cesse et accumuler grosse fatigue et galères nous a gâché le voyage. Nous étions tellement épuisés que nous subissions tout et nous n'avons pas pu profiter pleinement de nos visites. Certains parlent même du « *burn out* du voyageur » : à vouloir en voir trop, en faire trop, trop vite, on se brûle les ailes.

Quant à la chance… Vous avez durement économisé et peut-être démissionné pour faire ce voyage. C'est une question de volonté, pas de chance, même s'il y a effectivement des facteurs facilitant la possibilité de voyager.

Les galères

Des galères, j'ai l'impression que dans un voyage, il y en a forcément. Certaines ne sont pas graves et font bien rire quand on les raconte plusieurs mois plus tard, ça fait partie de l'aventure. Mais quand elles ont un impact plus lourd sur le voyage, notamment en termes d'argent et de temps (panne de voiture, avion raté, arnaque, vol d'appareil photo, maladie, cheville foulée, etc.), et qu'il y en a fréquemment, cela peut vraiment devenir difficile et très anxiogène.

Il m'est compliqué de vous donner des conseils à ce sujet car on a peu de prise sur ce qu'on ne connaît pas encore. Anticipez au maximum tout ce qui peut vous arriver, notamment en prenant de bonnes assurances voyage et location de voiture ; gardez vos papiers et objets précieux sur vous, évitez de garder votre appareil photo autour du cou ou d'exposer des signes extérieurs de richesse, restez méfiant quand votre sixième sens vous le dicte, etc.

Couplées à la fatigue dont nous parlions précédemment, les galères peuvent gâcher un voyage ; il faut s'y préparer et tenter de les limiter.

L'idéalisation peut mener à la déception

New York ou Tokyo est votre ville rêvée, vous l'avez visitée des centaines de fois à travers des films, séries, romans ou mangas. Vous vous y voyez déjà, en Carrie Bradshaw, à manger des *cupcakes* sur un *rooftop* avec vue sur le Brooklyn Bridge ; rien ne peut venir entacher ce rêve qui va enfin se réaliser.

Je ne veux pas jouer les rabat-joie, mais permettez-moi un avertissement. Tout peut effectivement se passer comme ça et je vous le souhaite sincèrement. Mais vous ne vous rendez pas dans un parc d'attractions où tout est calculé pour vous faire vivre un séjour paradisiaque, vous allez dans une ville où il y a sans doute de la saleté, des odeurs désagréables, des quartiers laids et peu fréquentables, des personnes peu amènes, de la délinquance, des commerces où l'on va tenter de vous arnaquer de la misère, etc. Tout ce que ne vous montrent pas les films et les photos dans les magazines.

Le syndrome de Paris, qui touche tout particulièrement les Japonais qui idolâtrent la capitale française, traduit la déception que l'on peut ressentir après avoir idéalisé une destination. Les personnes qui en sont atteintes ont une vision aseptisée de la ville, celle de l'image d'Épinal d'un Paris idéal, entre la vie jazzy du quartier Saint-Germain et le Montmartre sépia d'Amélie Poulain. Évidemment, lorsqu'elles arrivent à Roissy, la déception est forte et cela peut mener à des accès de démence, une très forte anxiété, des hallucinations, etc. Vous n'irez certainement pas jusque-là, mais il n'empêche que vous pouvez ressentir de la déception. Or personne n'a envie d'être déçu d'un grand voyage qu'on prépare depuis des mois ou des années et auquel on a consacré une bonne partie de ses économies.

— EN RÉSUMÉ —

MES CONSEILS

➡ Un voyage qui nous déçoit, c'est dur à encaisser, d'autant plus qu'on peut rarement se confier à ses proches à ce sujet, au risque de passer pour quelqu'un de difficile ou de rabat-joie. Mais vous avez le droit d'être déçu ; laissez toute la place nécessaire à ce sentiment, ce sera plus facile ensuite de passer à autre chose.

➡ Les déceptions vous aideront à améliorer vos voyages futurs, à mieux cerner vos envies, vos besoins, vos limites et donc à mieux les préparer : c'est du négatif pour du positif !

SYDNEY MAI 2017 SYDNEY

Australie

TÉMOIGNAGES

Marie

Marie a été très déçue de son voyage en Australie, dont elle attendait beaucoup. « De l'Australie, j'avais l'image de grands déserts rouges où trônent fièrement des monuments naturels. C'était sans compter évidemment les centaines d'autres touristes ayant eu exactement la même idée que nous, se poussant les uns les autres pour obtenir la meilleure photo. J'ai aussi été déçue par l'aspect "pompe à fric" assez agressif des différents sites et par l'exploitation parfois malsaine de la culture aborigène par les Australiens. Les lieux sont certes magnifiques, mais tout ce qu'il y a autour a gâché mon plaisir. »

Audrey et Sébastien

Au contraire, Audrey et Sébastien de **Family Coste** avaient des appréhensions avant d'aller au Mexique, pays qu'on leur présentait comme dangereux.

« Nous sommes arrivés avec beaucoup d'*a priori*, car on dit beaucoup de choses négatives sur ce pays. Mais nous y sommes maintenant depuis des années, nous l'avons sillonné en long, en large et presque en travers, et nous avons surtout rencontré des populations extraordinaires, des gens d'une profonde bonté, qui ne connaissent pas l'envie, la jalousie ou l'agressivité. C'est parfois déconcertant pour nous qui sommes européens et pas mal stressés. Mais c'est vraiment un pays qui gagne à être connu et qui souffre de cette réputation que lui font les États-Unis et l'Europe. C'est un pays extraordinaire ! »

17

QU'EST-CE QU'ON EMMÈNE ?

Les questions à se poser

17

QU'EST-CE QU'ON EMMÈNE ?

QUE VOUS PARTIEZ EN VOYAGE OU POUR VOUS EXPATRIER, VOUS NE COUPEREZ PAS AU GRAND MOMENT DE LA CONSTITUTION DES VALISES ! JE VOUS LIVRE QUELQUES CONSEILS POUR VOUS ÉQUIPER AU MIEUX.

En voyage court ou long

Quelle que soit la durée de votre séjour, je vous conseille de partir le plus léger possible.

Si vous faites un *road trip* avec un véhicule du premier au dernier jour et des nuits à l'hôtel, vous pouvez partir avec une valise, sinon il est préférable de privilégier le sac de randonnée. Nous avons fortement regretté d'être partis avec deux grosses valises pour notre premier *road trip*, où nous n'étions pas toujours véhiculés ; personne n'a besoin d'emporter toute sa maison avec soi, même quand on part trois mois ! J'avais par exemple emmené une robe et une paire de bottines à talon que je n'ai jamais eu l'occasion de mettre, mais que j'ai dû me trimballer tout le long du voyage.

Pour notre deuxième *road trip*, nous avions chacun un sac de randonnée de cinquante litres et un sac à dos, basique avec une poche à ordinateur portable pour moi et « spécial matériel photo » pour mon mari, que nous portions sur le ventre. Nous avons gagné en praticité, en mobilité et malgré tout, nous étions quand même bien chargés. Difficile de marcher des kilomètres dans ces conditions ! Notre but était de laisser au maximum nos sacs de rando dans les hôtels et de nous balader avec nos sacs à dos, mais dans les faits, nous nous retrouvions quand même souvent à devoir porter les deux.

Cette grosse contrainte en termes de volume et de poids était due à notre matériel photo et vidéo ainsi qu'à l'ordi, blogueurs voyage oblige ! Le conseil que je peux vous donner, si vous avez moins voire pas du tout de matériel informatique et photo à emporter, c'est de prendre un petit sac à dos souple par personne (ou un pour deux personnes), de le rouler en boule dans une poche du sac de rando et de ne vous en servir que quand vous sortez de votre hébergement. Ainsi vous porterez soit votre sac de rando, soit votre sac à dos, mais pas les deux en même temps.

Prenez de quoi tenir une petite semaine pour les vêtements, vous aurez ensuite toujours la possibilité de faire des lessives, en machine ou à la main. Emportez des sous-vêtements et chaussettes pour une semaine maximum, cinq T-shirts dont un à manches longues, deux pantalons souples ou shorts, un pull léger ou un sweat, une paire de baskets solides ou de chaussures de randonnée souples, un maillot de bain, une tenue de nuit et un grand foulard qui pourra servir d'écharpe, de plaid, de nappe de fortune, c'est toujours utile ! Bonus éventuel : un K-way, poncho ou équivalent pour vous protéger de la pluie. Bien sûr cette liste est à adapter à la saison et au climat de l'endroit où vous allez.

À emporter également...

- Des médicaments (votre traitement quotidien, votre contraceptif, du paracétamol), mais aussi des classiques comme l'Aspivenin, un tire-tiques, un kit de premiers secours, des pansements, du désinfectant, etc. Ne vous chargez pas trop, vous achèterez le reste sur place au besoin. Et prenez vos ordonnances avec vous, au cas où vous devriez justifier à la douane les médicaments que vous emportez.
- Des chargeurs et des adaptateurs.
- Des produits d'hygiène : brosse à dents, dentifrice, déodorant, crèmes, rasoir, solution hydroalcoolique, cotons, gel douche, shampoing, crème solaire, maquillage, etc.
- Une miniserviette en microfibre, pratique quand on n'a pas de serviette pour s'essuyer. Ce n'est pas hyperagréable mais ça dépanne bien, ça sèche très vite et ça ne prend presque pas de place.
- Des lunettes de soleil et une casquette.
- Vos papiers d'identité évidemment, ainsi que tout autre document important.
- Un masque de nuit et des boules Quies si vous avez le sommeil léger et du mal à dormir avec de la lumière.
- Un peu de nourriture sèche de type barres de céréales, noix ou chocolat pour dépanner, que ce soit pendant le voyage ou à l'arrivée, si vous êtes trop fatigué pour aller acheter à manger.
- De l'eau, toujours !
- Un GPS si vous en avez un et si vous comptez beaucoup conduire.
- Votre téléphone, indispensable ! Vous pourrez éventuellement acheter une carte SIM locale sur place pour pouvoir utiliser votre téléphone plus simplement et avoir un forfait data !

Bref, prenez l'essentiel, ne vous chargez pas trop, vous pourrez acheter beaucoup de choses sur place et surtout, vous aurez sans doute envie de ramener quelques souvenirs.

Pour une expatriation

Si vous partez pour toujours ou avec cette intention, vous ferez probablement un déménagement international par camion ou cargo ; dans ce cas, la question des affaires à emporter ne se pose pas vraiment. Je vous conseille toutefois de faire un grand tri dans vos possessions et d'emmener tout ce qui reste. Ne laissez rien derrière vous, au risque de le regretter et d'avoir ensuite du mal à faire venir ce qui vous manque. Puisque vous (ou votre entreprise) payez un déménagement, emportez tout !

Si en revanche vous partez pour une durée moyenne (six mois, un an, deux ans), ce sera sans meubles, mais avec des valises. À l'intérieur, il faudra tout ce qui vous est utile au quotidien, du moment que ce n'est pas très encombrant : vos vêtements, vos produits d'hygiène, votre radioréveil, votre tablette, votre ordinateur, votre appareil photo, des bijoux, quelques souvenirs comme votre livre préféré, des photos, pourquoi pas votre plaid doudou, mais évitez d'en prendre trop !

Si vous partez pour vivre et travailler à l'étranger, vous ne pouvez pas vous contenter de trois tenues de baroudeur un peu douteuses pour aller bosser. Prenez donc plus de vêtements, pour le travail, pour les loisirs, pour différentes saisons. Mais ça peut être aussi l'occasion de faire du tri dans vos affaires : vendez ou donnez ce que vous ne portez plus depuis des années, n'emportez que le nécessaire, vous pourrez toujours acheter de nouvelles tenues sur place. Et n'oubliez pas les chaussures !

— EN RÉSUMÉ —

MES CONSEILS

➡ Partez léger ! Même en prenant le minimum, vous vous retrouverez à la fin de votre voyage avec des choses qui ne vous auront pas servi, mais qui auront alourdi votre sac et pris de la place aux dépens des souvenirs et cadeaux à rapporter ! En cas d'oubli, vous pourrez certainement acheter ce qui vous manque sur place.

➡ En voyage, on oublie les valises et on sort le sac de rando ! Pensez à prendre un petit sac à dos souple à ranger à l'intérieur. Quand votre gros sac restera à l'hôtel, vous pourrez vous promener avec le minimum dans le petit.

➡ Lorsqu'on s'expatrie, c'est le grand écart : soit on fait un vrai déménagement et dans ce cas, on emporte tout, soit on part avec deux valises et le strict minimum ! Pensez surtout à emmener quelques petits objets à forte valeur affective, c'est la seule chose que vous ne pourrez pas racheter sur place.

SEVILLE MAI 2017 SEVILLE

Espagne

TÉMOIGNAGES

Jessica

À chacun de ses longs voyages, Jessica emmène une chose particulière avec elle. « Dès que je pars plus d'une semaine, j'emmène ma peluche avec moi. Je ne peux pas dormir plus de quelques nuits sans elle, même si j'ai plus de 30 ans. Une fois j'ai failli la perdre lors d'un voyage au Japon, je me suis sentie très mal ! »

Angie

Angie ne part jamais en vacances sans sa liseuse.
« Elle me sert à la fois pour passer le temps dans l'avion ou le train et me relaxer une fois à destination. Si je l'oublie, j'achète des livres, mais c'est forcément plus encombrant et lourd ! Mon conjoint, lui, ne part jamais sans une console, sa Switch, sa DS ou les deux ! »

Marine

Marine emporte toujours des foulards avec elle.
« Cela peut me servir lorsqu'il fait plus frais, mais aussi pour me couvrir la tête ou les épaules dans les lieux de culte, ou encore comme petit plaid pour ma fille. Pour ne pas mélanger la monnaie locale avec mes euros, j'emporte aussi un deuxième porte-monnaie. Et lorsque l'on part loin, j'aime prendre des petits cadeaux pour les habitants chez qui on loge ou les gens avec qui on noue des contacts ; ce sont généralement des cartes postales de Paris ou des porte-clés tour Eiffel. »

18

QUE FAIRE AVANT DE PARTIR ?

Les questions
à se poser

•18•

QUE FAIRE AVANT DE PARTIR ?

ÇA Y EST, LE DÉPART APPROCHE À GRANDS PAS ET LE TEMPS DES « DERNIÈRES FOIS » EST ARRIVÉ : LA DERNIÈRE FOIS QUE VOUS VOYEZ TEL AMI, QUE VOUS DÉJEUNEZ UN DIMANCHE CHEZ MAMIE OU QUE VOUS ALLEZ À VOTRE COURS DE HATHA YOGA.

Je fais partie des gens qui ont besoin d'anticiper les choses pour être certains (ou presque) de ne rien oublier et de ne rien regretter. Avant un long voyage, je dresse donc toujours une petite liste de ce que je veux absolument faire avant de partir : organiser une soirée de départ avec mes proches, prendre un café individuellement avec ceux qui ne pourront pas être là, tester un nouveau restaurant, aller à une rencontre de voyageurs ou de futurs expats qui se posent les mêmes questions que moi, partir en week-end chez untel, utiliser mes derniers tickets restaurant ou chèques vacances, etc.

Dans les trois à six mois avant votre départ, l'urgence est d'économiser au maximum, de vous occuper de vos démarches administratives, de votre logement, de vos affaires, de mettre fin à votre contrat de travail… que des choses potentiellement stressantes et rébarbatives.

Si vous conservez votre logement, pensez à demander à quelqu'un de jeter un coup d'œil chez vous de temps en temps, pour relever le courrier, vérifier que tout va bien et arroser vos plantes. C'est aussi éventuellement le moment de vendre votre voiture ainsi que vos meubles, ou bien de les stocker dans un garde-meuble ou chez un proche.

Mais le dernier mois… épargnez-vous les tâches compliquées ! Si vous les avez anticipées au maximum, vous n'aurez plus qu'à profiter de vos proches et faire votre valise tranquillement. Faites des photos, passez des bons moments, profitez pleinement de votre vie actuelle avant d'ouvrir un nouveau chapitre. Alors certes, vous ne partirez peut-être que trois mois, six mois ou un an, mais c'est une bonne occasion de rappeler qu'il faut profiter de l'instant présent avant qu'il ne prenne fin.

C'est aussi le moment de faire le tour de vos médecins et spécialistes pour être sûr que votre précieuse machine corporelle est en ordre avant de partir, faire le plein de vos traitements au besoin et peut-être même un vaccin ou deux selon l'endroit où vous vous rendez. C'est une étape particulièrement importante si vous avez une maladie chronique ou si vous êtes enceinte ; assurez-vous que vos médecins ne voient pas d'inconvénients à ce que vous preniez l'avion et voyagiez. Bon à savoir : la plupart des compagnies aériennes refusent d'embarquer des femmes enceintes à partir de sept ou huit mois de grossesse. Si vous en êtes à cinq ou six mois avec un ventre déjà bien volumineux, emportez un certificat de grossesse ou un mot de votre médecin vous « autorisant » à voyager. Et bien sûr, ayez toujours votre dossier de grossesse avec vous.

Profitez-en aussi pour faire quelques dernières emplettes pour le voyage : des choses à offrir aux personnes qui vous hébergeront le cas échéant, vos chewing-gums préférés, un nouveau cadenas pour votre sac, des cartes ou un GPS si vous avez de la route à faire, ou encore un adaptateur universel.

— EN RÉSUMÉ —

MES CONSEILS

➡ Dans les trois à six mois avant votre départ, anticipez au maximum les diverses démarches administratives liées à votre voyage.

➡ Le dernier mois, prenez le temps de souffler, de dire au revoir à vos proches, de revoir les lieux que vous préférez dans votre ville.

➡ Bien en amont, faites une liste de tout ce que vous pourriez regretter de ne pas avoir fait une dernière fois avant le départ. Vous partirez ainsi confiant, complet et l'esprit libre.

TÉMOIGNAGES

Jessica

Avant chaque départ en vacances, Jessica a la même routine.
« Je vais toujours chez le médecin avant de partir en voyage ; je m'assure que tout va bien, j'anticipe d'éventuels problèmes que je pourrais avoir, donc je demande des prescriptions longues comme le bras et surtout du Xanax pour me rassurer lors des décollages et atterrissages. Parfois je vais également faire un check-up chez le dentiste avant de partir. »

Angie

Lorsqu'elle part en voyage, Angie a une chose à prendre en compte : son chat !
« Prévoir que quelqu'un s'occupe de mon chat, ce n'est pas quelque chose que je fais longtemps à l'avance. Généralement je me rends compte une semaine avant de partir que rien n'a encore été planifié et je vois parmi mes amis qui serait disponible pour passer le nourrir, voire encore mieux, jouer avec et le câliner. Si je pars longtemps, je prévois un roulement et mes amis se chargent de se passer les clés de mon appartement pour qu'idéalement, mon chat ait de la compagnie une fois par jour, ou au moins tous les deux jours. Je change entièrement sa caisse la veille du départ, je prévois les stocks de litière et de croquettes, et je donne quelques consignes à mes amis ; par exemple, je précise que les portes menant aux chambres doivent rester fermées pour éviter les pipis de vengeance sur les lits ! »

Émilienne

Émilienne est prévoyante et organisée.
« Je prends systématiquement une paire de lunettes de rechange au cas où les miennes lâcheraient pendant le voyage. Et avant de partir, je télécharge sur Google Maps le plan hors connexion de l'endroit où l'on va. »

19

GÉRER LE RETOUR

Les questions
à se poser

•19•

GÉRER LE RETOUR

Vous avez voyagé, vous avez vu, vous êtes revenu. Votre parenthèse aventureuse se termine après six mois de voyage au long cours, un an de tour du monde ou trois ans d'expatriation. Je vais être honnête avec vous, ce n'est pas l'étape la plus facile que vous abordez là. À notre premier retour, j'étais effondrée. Vivre à fond pendant trois mois, en découvrant de nouvelles choses chaque jour, puis passer soudainement à un quotidien déjà vu et revu, pointer à Pôle emploi et se sentir tout à coup inutile est très brutal.

Ça peut être très difficile, j'ai pleuré pendant vingt-quatre heures presque sans m'arrêter ; l'épuisement du voyage, de l'avion, le *jet lag* n'aident évidemment pas à prendre du recul et à aborder les choses sereinement ; on a l'impression qu'on vient de finir une de ses vies, qu'on ferme pour toujours un chapitre très important, une parenthèse paradisiaque, qu'on ne vivra plus rien d'aussi intense. Mais promis, ça va vite mieux ! Et surtout, il y a des astuces pour mieux encaisser le retour à la vie « normale ».

Conseils pour préparer son retour

Mon premier conseil est de ne pas faire un déni total du retour ; il faut y penser un peu pour qu'il se fasse plus en douceur. N'y songez pas au long de votre voyage, cela ne ferait que vous angoisser, mais juste les derniers jours et un peu aussi avant de partir.

Il faut se tenir prêt à ce retour, se préparer psychologiquement à ce que ce soit rude, à ce que nos proches ne soient pas forcément très intéressés ou impressionnés par nos récits de voyage. La vie a suivi son cours pour eux, le temps ne s'est pas arrêté et c'est difficile de rattraper le train en marche. On se sent dans une bulle qui vient d'éclater, dans un monde différent, il faut amortir autant que possible ce retour brutal. Si on s'attend au pire, la chute fait moins mal !

Concrètement, penser à son retour, c'est surtout penser à moyen ou à long terme, faire des plans, rêver à d'autres projets motivants, se fixer des objectifs. Ça peut être également dresser une liste des petites choses que l'on sait que l'on retrouvera : sa famille, ses amis, ses animaux, la nourriture, un chez-soi, etc.

Il vous faut aussi prévoir un point de chute : chez vos parents, chez des amis, votre propre appart que vous avez loué ou sous-loué. Mais aussi un peu d'argent, de quoi vous réinstaller tranquillement. Si vous êtes à sec en revenant, vous serez angoissé le temps de retrouver un emploi et cela vous empêchera de reprendre une vie sociale, condition essentielle pour adoucir votre retour !

Il faut aussi être un peu clément avec soi-même. Il n'y a rien d'anormal à ce que vous ne fassiez pas grand-chose les premiers jours ; un voyage, ce n'est pas des vacances et il faut du temps pour se réacclimater au temps, aux gens, à la culture, à une ancienne et nouvelle vie à la fois.

Enfin, pour garder un pied dans votre voyage, vous pouvez le prolonger en lançant un blog, en écrivant un carnet de voyage, en faisant du *scrapbooking* avec vos photos, en prévoyant une projection de films et photos avec vos proches, etc. Il n'y a rien de meilleur que de se replonger dans ses souvenirs de voyage !

Affronter les remarques et l'indifférence des autres

Comme je le disais plus haut, ne vous attendez pas à ce que votre entourage vous écoute narrer vos aventures avec des étoiles dans les yeux. Ce sera peut-être le cas les premiers jours, mais après, la vie de chacun continuera et vous risquez de rester bloqué dans une autre dimension quelque temps. Aux premiers signes d'agacement ou de désintérêt de la part de vos proches, n'insistez pas et gardez vos récits pour vos amis voyageurs. Ça peut être également l'occasion de rencontrer d'autres voyageurs pour échanger vos expériences !

L'autre réaction que l'on peut craindre de ses proches est qu'ils ne mesurent pas du tout ce que votre expérience vous a apporté. Ils minimisent souvent ce qu'on a vécu, involontairement bien sûr, à coups de « C'était bien, tes vacances ? », « Faut que tu retrouves un travail maintenant, hein ! », « T'as de la chance d'avoir voyagé comme ça ».

Comme nous l'avons vu précédemment, un voyage n'a rien à voir avec des vacances ; vous êtes un voyageur, pas un touriste. Ce n'était pas juste un caprice de sale gosse pour voir deux ou trois cocotiers et faire des photos Instagram, vous avez vécu un périple qui vous a sans doute profondément touché et marqué à vie, vous vous sentez différent et ça, vos proches ne le voient pas. Ils traiteront peut-être toute votre aventure par-dessus la jambe en n'y donnant pas l'importance qu'elle mérite, vous devez vous y préparer. Enfin, dans votre expédition, il n'est pas question de chance : votre départ, vous l'avez payé, travaillé, étudié des mois durant. Vous avez économisé durement pour ce projet, vous avez peut-être quitté votre travail ou pris un congé sabbatique pour cela, renonçant ainsi à un salaire et à une stabilité. Vous avez fait des sacrifices, ce n'est donc pas une question de chance, mais de mérite, de courage, de légitimité, de travail et d'organisation.

On peut aussi être heureux de rentrer

Tout cela est bien déprimant, mais ce n'est pas une fatalité, on peut aussi avoir un retour agréable, tout en douceur et même heureux ! Comme je vous l'ai déjà dit, notre deuxième long voyage s'est bien plus mal passé et nous avons anticipé notre retour en nous fixant de nouveaux projets à moyen et long terme. Nous avons également choisi notre date de retour un mois à l'avance, en plein voyage, en nous disant qu'il était temps de rentrer.

Ainsi, notre retour a été facilité. Nous étions bien sûr un peu tristes et nostalgiques de rentrer, de fermer ce chapitre de nos vies, et un peu anxieux de reprendre le quotidien parisien, de nous replonger dans la recherche de boulot. Mais nous étions aussi heureux de rentrer chez nous, de pouvoir enfin nous reposer, de ne pas courir sans cesse après le programme du lendemain, de prendre le temps d'intégrer tout ce que nous avions vécu, de revoir nos proches, de profiter de l'été qui commençait.

La saison est d'ailleurs importante dans votre choix de date de retour : c'est plus facile pour le moral de rentrer au printemps ou à l'été, ou bien juste à temps pour les fêtes de fin d'année – mais une fois celles-ci passées, gare au retour du coup de blues.

On peut donc être heureux de rentrer, il n'y a pas de mal à ça ; un retour ne doit pas nécessairement se faire dans les larmes et la souffrance. Et gardez en tête que même si vous rentrez, tout ne s'arrête pas. Vous pouvez aussi voyager dans votre pays et faire du tourisme dans votre propre ville !

— EN RÉSUMÉ —

MES CONSEILS

➡ Sans en faire une obsession pendant votre voyage, anticipez un peu votre retour en vous fixant des objectifs, de nouveaux projets, en faisant la liste de ce que vous avez hâte de retrouver !

➡ Préparez-vous à ce que vos proches ne soient pas forcément d'un grand soutien. Préférez plutôt vous rapprocher d'autres voyageurs, rencontrés par exemple sur Internet *via* des blogs ou sur Meetup, un site proposant des rencontres locales en groupe de personnes partageant les mêmes passions.

➡ Continuez votre voyage en le faisant vivre à travers vos récits, vos photos, un montage vidéo, de petits projets artistiques.

➡ Ça peut aussi déjà être le moment de commencer à penser à votre prochain voyage, même s'il est lointain !

SEVILLE MAI 2017 SEVILLE

Destination

TÉMOIGNAGES

Laetitia

Laetitia, **@fries_and_pie** sur Instagram, a vécu plus de quatre ans avec son mari à Portland, dans l'Oregon, où sont nés leurs deux enfants. Leur retour précipité en France a été plus compliqué que prévu.

« En 2013, mon mari s'est vu offrir une opportunité professionnelle à Portland, dans l'État de l'Oregon, aux États-Unis. Moi qui rêvais d'Amérique depuis longtemps, je n'ai pas tardé à l'encourager dans cette démarche. Nous y avons vécu plus de quatre belles années, notre famille s'est agrandie et nous avons accueilli deux petits Franco-Américains. En 2017, alors que notre deuxième enfant venait de naître, mon mari a reçu une proposition pour revenir travailler en France, toujours dans la même société. Lui ne s'épanouissait pas totalement aux États-Unis et la France, pour diverses raisons, lui manquait beaucoup. Nous avons donc fait le choix de rentrer avec cette nouvelle opportunité qui se présentait à nous, bien conscients des difficultés d'acclimatation que nous allions sûrement rencontrer.

Mon mari a pris ses nouvelles fonctions dix jours après notre arrivée en France ; quant à moi, mon employeur américain avait accepté que nous continuions à travailler ensemble. J'avais donc moi aussi des responsabilités professionnelles à honorer. En outre, deux mois après notre retour, j'ai lancé un énorme projet sur lequel je travaillais depuis plus de dix-huit mois. Une pression professionnelle à son paroxysme, accompagnée d'une grosse charge de travail, au moment même où il nous fallait effectuer mille et une démarches pour nous réinstaller en région grenobloise. Alors que nous avions lu sur des forums spécialisés qu'il était long et compliqué de s'affilier à la CPAM et à la Caf, ces démarches se sont en fait passées sans encombre.

La recherche de logement a néanmoins été un parcours du combattant qui nous a causé quelques nuits blanches. À une semaine de nous retrouver à la rue, après avoir passé des centaines d'appels et visité des dizaines de logements, nous avons fini par trouver un appartement dans la zone géographique que nous avions déterminée, *via* une annonce de particulier à particulier.

Et que dire de la recherche de nounou ou crèche pour nos jeunes enfants ? J'ai appelé tous les RAM dans un rayon de dix kilomètres à la ronde, obtenu et épluché toutes les listes d'assistantes maternelles, pour finalement en trouver une seule qui pouvait accueillir notre fils, mais pas notre fille. Nous l'avons vite compris, rentrer en milieu d'année scolaire était une mauvaise idée. Pour la garde de notre fille, nous avons dû cumuler trois modes de garde différents (nounou, microcrèche et crèche) pendant plus de six mois.

Il nous a fallu plus d'un an pour apprivoiser cette nouvelle vie "d'impatriés" et je peux le dire sans hésitation, notre installation aux États-Unis avait été beaucoup plus facile que notre retour en France. »

ANNEXE 1

Exemple de tableau vertical de planification de voyage

	A	B	C	D	E
1	Lieux	Nombre de jours	Date d'arrivée	Evénements	Températures
2	Montréal	0	07-sept		16°C
3	Québec	3	07-sept		14°C
4	Montréal	2	10-sept		16°C
5	Ottawa	1	12-sept		15°C
6	Niagara / Toronto	2	13-sept		17°C
7	Chicago	5	15-sept		18°C
8	Boston	3	20-sept		18°C
9	New York	7	23-sept		19°C
10	Philadelphie	2	30-sept		18°C
11	Washington	2	02-oct		18°C
12	Savannah	2	04-oct		21°C
13	Orlando	4	06-oct	Columbus Day (8 octobre)	25°C
14	Nouvelle Orléans	2	10-oct		22°C
15	Dallas	2	12-oct		17°C
16	Santa Fe	2	14-oct		15°C
17	Las Vegas	2	16-oct		20°C
18	Death Valley	0	18-oct		25°C
19	Las Vegas	1	18-oct		20°C
20	Bryce Canyon	1,5	19-oct		14°C
21	Lake Powell (Glen Canyon, Antelope Canyon)	2	20-oct		9°C
22	Monument Valley	1	22-oct		
23	Grand Canyon	1	23-oct		10°C
24	Laughlin	0,5	24-oct		
25	Los Angeles	4	25-oct		21°C
26	San Francisco	21	29-oct	Halloween (31 oct) / Veteran's Day (11 nov) / Thanksgiving (15 nov)	14°C
27	Seattle	4	19-nov	Anniversaire Rémy (20 novembre)	7°C
28	Vancouver	5	23-nov		4°C
29	Seattle	2	28-nov		6°C
30	TOTAL	83			15,9
31		jours			degrés

F	G	H	I
Temps de parcours pour y arriver	Budget transport par tête	Budget hébergement par tête	Budget nourriture par tête
7h de vol	855 €	0	
3h de car Orleans Express	42 €	0	
3h de car Orleans Express	42 €	50 €	
3h de car		38,50 €	
7h de train ViaRail	75 €		
12h de car Greyhound	140 €		
2h de vol	80 €		
4h de bus	15 €	210€ (en location)	
2h de bus	10 €		
3h de bus	12 €		
9h de bus			
6h de train Amtrak	35 €		
10h de bus			
8h de bus			
11h de bus			
9h de bus			
3h30 de voiture	0 €	0	
3h30 de voiture	0 €		
4h30 de voiture	0 €		
5h30 de voiture	0 €		
2h de voiture	0 €		
5h30 de voiture	0 €		
3h30 de voiture	0 €		
5h de voiture	0 €		
6h de voiture	110 €	447€ (en location)	
2h de vol	100 €		
4h de bus	38 €		
4h de bus	0 €		
	1 474 €	88,5	
heures			

ANNEXE 2

Extrait d'un tableau horizontal de planning de voyage

	A	B	C	D	E
1	**Samedi 25 mai**	**Dimanche 26 mai**	**Lundi 27 mai**	**Mardi 28 mai**	**Mercredi 29 mai**
2	Décollage 10h15 CDG	Partir max à 11h	Calgary	Calgary	Départ max 12h
3	Arrivée Amsterdam 11h35 - 12h25		Value Village ?		Louer voiture à l'aéroport 13h
4	Vol 9h	Centre-ville	Chinook Centre	Heritage Park	Route jusqu'à Banff (1h30)
5	Arrivée 13h25 à Calgary (11h après le départ)		Ranchman's		
6	Nuit à Calgary	Nuit à Calgary	Nuit à Calgary	Nuit à Calgary	Nuit à Banff
7	**Sandman City Centre**	**Carriage House Inn (part.)**	**Carriage House Inn (part.)**	**Carriage House Inn (part.)**	**Mountain View Inn**
8	(77e ttc, Booking), prêt 16h	Prêt 16h			(65e TTC, Booking), prêt 16h
9		*Petit déj fourni*	*Petit déj fourni*	*Petit déj fourni*	
10	/	/	/	/	1h15 de route
11					
12					
13					

F	G	H	I
Jeudi 30 mai	**Vendredi 31 mai**	**Samedi 1er juin**	**Dimanche 2 juin**
Lake Moraine (tôt)	Départ max 11h	Départ max 11h	Lake Maligne
Lake Louise	Lake Emerald	Route pour Jasper	
Lacs Vermillion	Yoho	Lake Peyto	
Lake Minnewanka		Glacier Athabasca	
Nuit à Banff	Nuit à Golden, BC	Nuit à Jasper	Nuit à Jasper
Mountain View Inn	**Swiss Village Inn**	**Bon Homme View**	**Bon Homme View**
(65e TTC, Booking)	(44e TTC, Booking), prêt 15h	(112e TTC, Booking), prêt 18h	(112e TTC, Booking)
2h30 de route	2h30 de route	4h de route	2h de route

ANNEXE 3

Lettre de démission type

Prénom et nom de l'expéditeur
Adresse

Nom de l'employeur
Adresse

À [...], le ...]

Objet : Démission

Madame, Monsieur,

J'ai l'honneur de vous informer de ma décision de démissionner de mes fonctions de [...] exercées depuis le [...] au sein de l'entreprise.

J'ai bien noté que les termes de mon contrat de travail prévoient un préavis de X mois. Mon contrat de travail prendra donc fin le [...].

Lors de mon dernier jour de travail dans l'entreprise, je vous demanderai de bien vouloir me transmettre un reçu pour solde de tout compte, un certificat de travail ainsi qu'une attestation Pôle emploi.

Je vous prie d'agréer, Madame, Monsieur, l'expression de mes salutations distinguées.

Prénom et nom de l'expéditeur
Signature

Si vous ne souhaitez pas respecter votre délai de préavis, vous pouvez ajouter ce paragraphe :

« Cependant, et par dérogation, je sollicite la possibilité de ne pas effectuer ce préavis et, par conséquent, de quitter l'entreprise à la date de la réception de ma lettre de démission, mettant ainsi fin à mon contrat de travail.

Je vous remercie de bien vouloir me confirmer votre accord concernant la dispense de préavis. »

Votre employeur peut toutefois ne pas vous accorder cette dérogation.